イドコロをつくる

乱世で正気を失わないための暮らし方

伊藤洋志

東京書籍

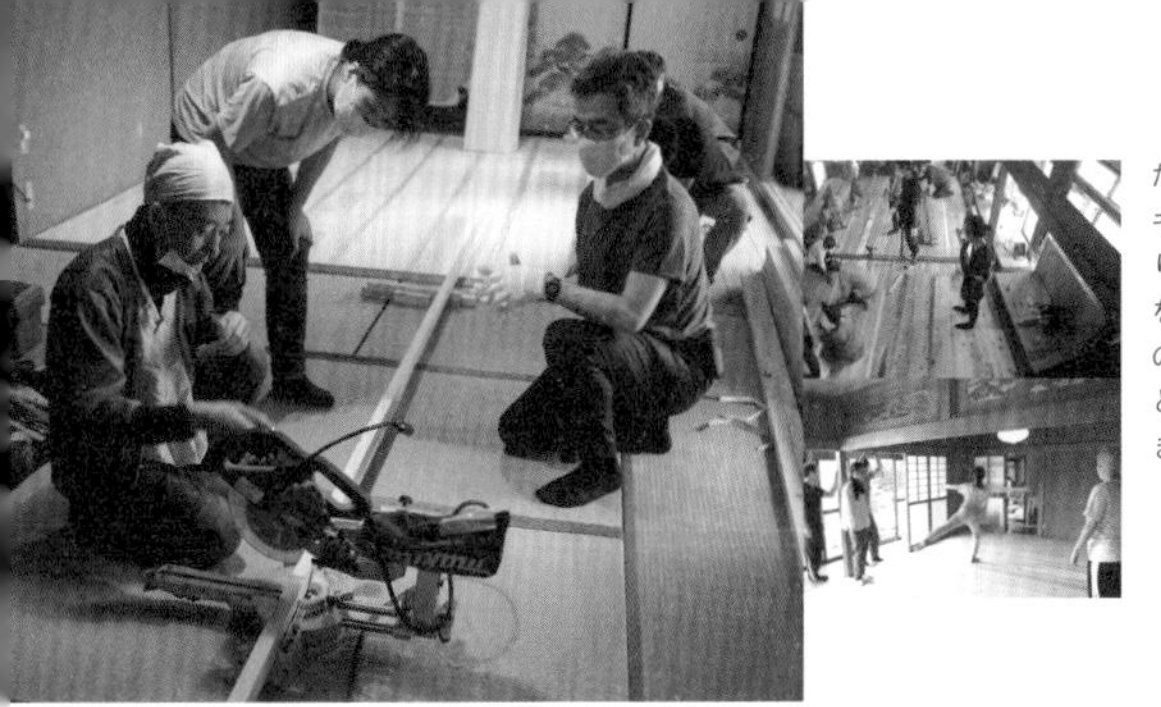

たまたま参加したフィギュアスケーターが張りたての床でジャンプを披露する一コマ。床の上では社会的地位などとっぱらうことができる。

全国床張り協会｜強い趣味の集まり
床張りを練習する会。初対面の人たちが床張りという共通項で同じ空間に居合わせ、協力できるイドコロ。丁寧な教えがあれば誰でも床張りはでき、地味に自信になる。シンプルな目標を達成する時間は充実度が高い。

給湯流｜強い趣味の集まり
「土間の家」でアイデア発表会をやっていたときに友人が発案したサラリーマンのための給湯室で茶会を行う茶道一派。各地の給湯室や純喫茶を見つけては茶会を開き、参加すると日々の理不尽な出来事も昇華できる。

筆者がつくったり見つけたりしたイドコロ群

竹で家をつくる会（仮）｜強い趣味の集まり
竹で家をつくる技をアカ族に習って日本でも実践する。竹は軽いので参加しやすいし、伐採すると喜ばれるのも良い。

ブロック塀ハンマー解体協会｜強い趣味の集まり
敷地をつなげて私設公園をつくるためだったり、家の縁側を広くするためにブロック塀を壊す。交代でやればブロック塀も楽しく壊せる。

論T（ロンティ）｜強い趣味の集まり
コロナ禍においてジャンクな情報ではなく歯応えのある情報を摂取しようと始めた、論文を読み、著者のお話を聞くオンライン企画。論文タイトルと要旨を印刷したTシャツを着て参加するとどういうわけか元気が湧く。第1回の論文タイトルは「平安貴族の遅刻について」。

地域猫｜公共空間の気に入った場所
行政と地域住民が協力して、去勢手術をした上で野良猫を地域猫として世話をする活動がある。怪我や病気の際は世話人グループが病院に連れていくし、野良生活が限界と判断された場合は里親を探す。通りがかる人たちが猫を眺めて（撫でさせてもくれる）和やかな気持ちになっている。

公園｜公共空間の気に入った場所
植物が豊富な公園はとても大事だ。歩くだけでも気分転換になるし、土に触れられる場所は思いのほか少ない。かつては寺社仏閣が公園の役割を果たしていたが近年は働きが弱くなっている。今ある公園を使いこなす余地はまだある。

銭湯｜公共空間の気に入った場所
パブリックバスという訳語の通り、銭湯は公共空間で心身ともに回復できる場所である。上京、移住で孤独を感じるときには通ってみるのも一案。

小さいお店｜日頃通える小さいお店
ある友人の営む小さいお店。ふらっと立ち寄ると雑談ができたり、面白い本を発見できる。こういうお店は地域の宝である。

下馬土間の家｜有志でつくるオープンな空間
一番最初につくったシェアハウス兼イベントスペース「下馬土間の家」は最初のDIY改装で、天井をぶち抜き土壁を塗り、自分たち好みの改装を施した。週末に有志を募って2007年の春から秋にかけて改修。家を直すのは色々な人が参加できるのがよく、旧友との再会もあった。スペースを持つと小さなイベントなら思い立ったときに企画できる。コロナ禍の中では過密なイベントはやりにくいが、採算を気にしなくていいので逆にごく少人数の企画もできる。

スタジオ4｜有志でつくるオープンな空間／仕事仲間
生活と密着していた「下馬土間の家」を終了した次に、東日本大震災の年につくったシェアアトリエ。3名の共同経営で、運営者が利用者でもある。フリーランスも他人と空間を共有して働いたほうが風通しがいい。最近はリモートワークになった方も利用するようになってきた。

熊野マウンテンビルディング｜有志でつくるオープンな空間
居住地と別に田舎につくったイドコロ。維持費をつくるために宿と飲食店舗機能をつけ、しばらく違う土地で暮らしたい人が、働きながら滞在できるようにした。自力改装でやったのでなんやかんやオープンまで4年ほど要した。こういう古い建物を転用する場合は、融資を受けて一気にやるのが通例だが、ものすごい山奥なので投資が回収できるか分からない。しかし、時間をかければ資金調達を小さくでき、ゆとりをつくれる。

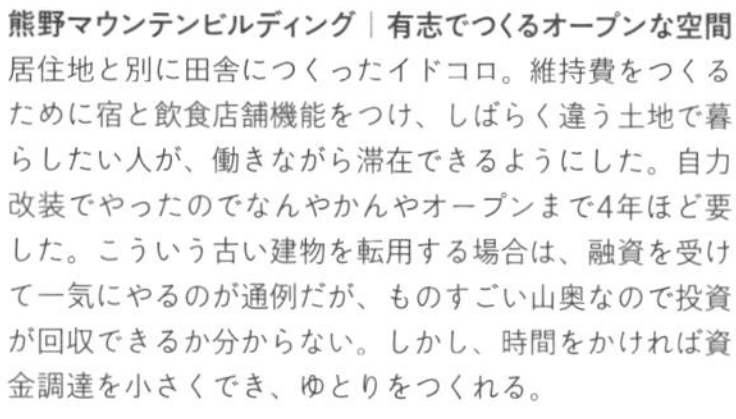

古今燕｜有志でつくるオープンな空間
京都のシェア別荘の古今燕（こきんえん）。これも老朽化していたのをDIYで手直しした。会員同士で滞在したり、たまに落語会を開いたり、友人より少し広い人が集まる場所。

モンゴル｜
文明から離れて一人になれる場所
家ではなく外に出れば一人になれる環境。近場にもこういう場所を見つけるといい。

緊急事態宣言中につくった縁側｜文明から離れて一人になれる場所
2020年の緊急事態宣言中に自作した小さい縁側。一人で朝日を浴びたり、月を見る場所になっている。

イドコロをつくる

乱世で正気を失わないための暮らし方

伊藤洋志

イドコロをつくる――もくじ

序 「イドコロ」の必要性

序 「イドコロ」の必要性 009
練習問題その1 023

第1章 「イドコロ」とは何か

第1章 「イドコロ」とは何か 025
「イドコロ」は思考の免疫系の構成要素……026／正気を失わせる圧力を認識しよう……035／昔からあるイドコロの再発見とmixiの再評価……037／イドコロとしての伊勢講……042／かつてのイドコロの例……044／イドコロの型……048／生活を共同する集まり……051／強い趣味の集まり……055／公共空間に気に入った場所を見つける……061／日頃通える小さいお店……064／有志でつくるオープンな空間……067／倫理観を共有できる空間は居心地がいい……069／文明から離れて一人になれる空間……071
練習問題その2 075

第2章

「イドコロ」をどのようにつくったらよいか　077

思考の免疫系としての「イドコロ」を育てる……078／趣味の見つけ方は仕事よりも簡単ではない……081／気に入った公園を探そう……093／日頃通えるお店を持つこと……098／少しの篤志でオープンな空間をつくる……102／文明から離れて一人になれる空間をつくる……108／現代における生活を共同する集まりはイコール家族ではない……109／友人の数は多ければ多いほどいいのか？　親しい友人とは……116／仕事仲間が正気を保つのに有用なケースは減っている……117

練習問題その3　121

第3章

「イドコロ」の息吹（実践例）　123

生活共同体を兼ねたイベントスペース「下馬土間の家」——都心でできるだけボロい家を直して使い倒す……131／自主運営の仕事場「スタジオ4」——仕事場は自分でつくる……144／イドコロの歴史から若衆宿と「下馬土間の家」を考える……149／「有志でつくるオープンな空間」のための覚書……153／自然系のイドコロ「生活共同体≒家族」だけで乗り切ろうとしない……155／自然系イドコロとしての友人と獲得系イドコロで生じる友人……161／趣味のイドコロ——「竹で家をつくる会」を例に……165／公共空間の気に入った場所は地味だが大事……170／イドコロになるような日頃通えるお店を発掘する……173／文明から離れて一人になれる空間も重要なイドコロである……174

練習問題その4　176

第4章

「イドコロ」は思考の免疫系を構成する 177

人はなぜイドコロを必要とするのか……178／イドコロ不足で生まれるストレスは世の中に放出される……182／思考の免疫系を手入れする……184／「生活を共同する集まり」を考える……188／イドコロとしての「親しい友人」を考える……193／イドコロとしての「仕事仲間」を考える……195／獲得系イドコロは消えやすいがつくりやすい……199／意外性の「強い趣味の集まり」……202／「有志でつくるオープンな空間」は遍在する……207／日常のイドコロは素早い……212／人間は正気を失うものであり、そこが可能性でもある。だからこそ思考の免疫系を手入れしよう……218

あとがき 222

序　「イドコロ」の必要性

広場のない都市化がどんなものであるか、日本人はこれから、いやというほど思い知るだろう。(『ひろばの創造——移動大学の実験』川喜田二郎著・中央公論社)

この本は、一見するとコミュニティづくりの本に見えるかもしれないが、違う。ゆるいつながりが大事だという本でもない。なんやかんや忙しい現代社会の中でも、くつろげる時間をつくり、元気に正気を保てる環境づくりについての実践と考察をまとめたものである。

本書では、威圧的な圧力がなく、思考が解放され、時には鼓舞されるような場、「イドコロ」について考える。『イドコロをつくる』という題名なので、場所づくりの要素もあるが、すでにある場所、空間を見つけて使い方を身につけるというパターンもある。

厳しい競争社会に対抗するにはコミュニティづくりが大事だということがよく言われる。しかし、助け合わなければならないという暗黙の掟には、助けてもらったらお返しをしないといけないというプレッシャーが生まれ、逆にしんどくなるリスクがある。もちろん、人は他人の協力なしに暮らしていくことはなかなか大変で、自助100%で乗り切れる人はいない。

私自身は、価値観を共有できる人たちに向けた個人サイズの仕事、「ナリワイ」を複数持つことで心身ともに健康をつくりながら生計も立てるという作戦で自営業を12年程度営んでいる。いつもご愛顧してくれる人や、何かのついでに作業を手伝ってくれる人に支えられて、広告や大きいシステムなどに依存せずに仕事を続けられている。しかし、「いいコミュニティをお持ちですね」と言われると、なんか違うなと思う。自分とお客さんの間にはたいした義務はない。気が向いたらナリワイを使ってくれ、ついでの範囲で手助けをする程度だ。この違和感について長年考えてみて分かったのは、コミュニティのようにメンバーリストがあるのではなく、人が一緒にいられる「淀み」が身の回りに多種多様にあって、たまたまその淀みに居合わせた人々が何かのついでに助け合う状況が生まれているということである。人が居合わせる「淀み」は遊びなど様々なところに発生している。この淀みがすなわち本書での「イドコロ」である。

イドコロでは、人はたまたま居合わせただけなので、それぞれの人たちの立場も対等だ。コミュニティをつくると序列が生じやすい。一部の組織運営では序列が必要かもしれないが、社会的立場を超えて人が居合わせられて、対等に存在できる場は心身の健康に必須だ。人や地域、国は、イドコロが不足すると元気を失いやすいのではないか？　これが本書の問題意識である。

ちょっと前まで、ＳＮＳは地理的なハードルを越えて価値観が合う人が集まれる場だと期待されていた。しかし、運営上やむなしと広告が入ってきたり、拡大志向になってしまった。イドコロとして機能するのは今は難しい。居心地の良さが求められるイドコロと、広告や拡大志向は相容れない。

拡大志向で設計されているＳＮＳでは、炎上でも捏造でも注目が集まれば影響力が増す。バトルタイプであれば少々の攻撃にも耐久力があるので、どんどん燃やして求心力をつけてしまう。しかも、それが収入にもなる。一方、地味な人は、注意していてもそういうバトルタイプにエネルギーを吸い取られてしまうため不利だ。ＳＮＳは会員制投稿サイトと訳されるが、もはや会員制の良さの大部分が失われてしまっている。

広告的なものに主導された現代の資本主義下では、「お金がないとこんなに困ることが起きるぞ」「乗り遅れるな！」といったプレッシャーが日々、矢のように降ってくる。これに対抗する方法は、一つは「小さくても自立した経済をつくること」、もう一つは「過剰なプレッシャーを無効化できる時間や場を持つこと」だ。これは両輪である。前者について考えたのが私の前著『ナリワイをつくる』だ。そして本書では、その両輪のもう片方にあたる後者について考える。

いつくかのイドコロで日常的に精神を回復させられる環境は、仕事に機嫌よく取り組む基礎にもなる。

ところで、ノーベル経済学賞を受賞したAngus DeatonとDaniel Kahnemanの研究によれば、年間収入が7万5千ドルまでは幸福度が年収に比例して高まるものの、年収がそれ以上になっても幸福度は変わらないそうで、日本の場合は、世帯年収が2千万〜3千万円を超えるとむしろ幸福度は減少するという結果が得られている（「満足度・生活の質に関する調査」に関する第1次報告書２０１９年 内閣府）。

興味深いことに、この日本での報告書によれば、頼りになる人が多数（5人以上）いる場合は、「世帯年収100万円未満」「不健康」のような幸福度を大きく引き下げる要因があったとしても、幸福度は大きく引き下がっていない。さらにボランティアをしている人は、「頼りになる人が少ない」人でも幸福度が低くない（著しく不幸だと感じない）という。ボランティアは、それ自体が金銭による損得を超えた時間を一時的に生み出す。その時間が、精神の回復に効いているように思われる。

金銭プレッシャーから解放された空間を持つことができれば、不安も制御しやすいし、マルチ商売などの道に外れたことに引き寄せられない。「頼りになる人」も「ボランティア活動」も、共通して「困ったことがあれば、誰かが見返りを求めずに助けてくれたり話を聞いてくれたりする」という世界観が前提にある。「メリット・デメリット」「ギブ・アンド・テイク」が過剰な世界観に生きすぎると、他人が親切にしてくれても、「何か思惑があるのでは？」と疑心暗鬼になってしまう。ボランティアの効能がもしあるなら、無私で他人や自然環境の役に立つ行為を通して、競争過剰の資本主義における殺伐とした世界観を修正できることだ。ついでのことで人を助けるのに大した理由はいらない。

ただ、そのような居心地の良い空間は見たところ現代の日本社会ではとても少ない。ボランティア団体を偽装して勧誘してくるカルト集団もいて、油断がならない状況である。

イドコロ不足は何かと不調を起こしている。例えば、陰謀論や噂をもとにしたバッシングに便乗する行為も、イドコロ不足による孤独感が原因の一つと思われる。他にも、現実逃避的なふわっとした幻想に絡め取られてミニカリスマの信者にされてしまう罠。これは、サロン的囲い込み商売やスピリチュアル商売に代表される。特にインターネットサービスで自動表示される広告は、日常的に刺激を送り続けてくるので弱ったときに危ない。「寝ているだけで毎月○○万円稼げます」という広告を毎日見せられたら、もしかしたら本当かもと思ってしまい、無料メルマガぐらい登録してみようか、となってしまうものだ。だが、どこかで雑談でもできれば、誰かが「お前、そんなうまい話はねえぞ」とたしなめてくれるだろう。

これ以外にも正気を失わせるような罠が現代社会にはたくさんある。さながら新興感染症のように次々と出てくる。これを完璧に防ぐ方法は、無菌室のように外部との接触を断つことだが、それをやると暮らしていけない。困ったときは、自然に倣おう。身体の免疫の仕組みは参考になる。身体の免疫系は複数の防御策を持つことで無数の外敵に対処している。これと同じように、精神の健康も、家族が助けになるときもあるし、もう少し距離のある友人の一言が助けになることもあれば、専門家の助けで罠を回避できることもある。あれが効く、これが効くという考え方ではなく、複数の防御機能が連携して、病原体へ防御力を保つという考え方を思考にも適応したい。ピンポイントで「〇〇をやればうまくいく！」という話ではない。

振り返ってみると、私の「新社会人」時代もイドコロ不足で社会の病原体にかなりやられていた。まず過労で身体が参ってしまい、食生活は荒れるわ、肌は荒れるわ、ハーゲンダッツを食べないと眠れなくなるわ、うっかり会食した相手からマルチビジネスの勧誘電話を受けるわと、なかなか不調をきたしていた。これは新入社員の薄給と、小さい企業特有の人間関係のプレッシャー、過労による寝不足、などが重なってのことだが、本来はこういう事態になったら自力でなんとかするのは簡単ではない。他人の助けが必要な局面である。新入社員は移住したてで助っ人になる人が乏しい。「広場のない都市化がどんなものであるか」を就職上京組の私もいやというほど思い知ることになったのである。

広場とまではいかなくても、ふらっと行って現状を話せる場所があれば自分の頭も冷静になるのに役立つ。まず、困難なときに現状を把握するには自問自答では難しい。誰かに話して現状を把握したりすると気持ちの余裕ができ、怪しいものの正誤を判定しやすい。目下このような空間はひたすら潰されつつある。大学関連で言えば学生寮、イベントスペース、サークル部室。神社も維持費が足りずに境内を売り払うところも出てきて、公園も禁止事項が増え、一部は商業施設化している。それはなぜかというと、一見無駄に見えるからだ。無駄を省くというのは大義名分として普及したが、何が無駄で何が無駄でないかというのの判定はかなり先見性が問われる。雑にやると社会環境は悪くなる。

一見無駄に見える各種のイドコロが減り、個人が孤立すると、他者の助けが得られれば難なくクリアできることが、とてつもなく困難になってしまう。子育てなどはその典型だろう。30分だけでも子供を誰かに見てもらえたら、とかそういうことが簡単にできない。良い例で言えば、外国から移民した方がやっているお店に子供連れで行くと、かなりの割合で子供をあやしてくれる。子供を10分程度見てくれているだけで自分の食事に集中でき、何より精神的負荷が軽くなる。こういうものもイドコロの一つだ。とにかく、常にのしかかる精神負荷を一瞬でも軽くするような場所が少ない。これが問題と言える。

しかし、この問題はもう70年ぐらい前に、一気に都市化が進んだ頃に予想されたことでもある。いわゆる終身雇用前提の会社組織を擬似的な共同体として代替していたので問題を先送りにしてきただけである。企業は本来は、個人の能力を営利活動に提供して報酬をもらうというシンプルな交換関係で成り立つ営利組織だ。ところが、新年会、忘年会、運動会などまでやっていた。一見不要だが、会社組織が擬似的な共同体であるためには必要だったのだと思われる。ただ、これも会社に所属できた人には居心地が良かったのだろうが、運悪く入れなかった人には厳しい環境だし、会社外のイドコロをつくる機会を奪ってもいた。

ちなみに、今でも「なぜ日本の組織の会議が長いのか？」「どうして夜になってまでも開かれるのか？」という疑問の一つの答えは、いく人かにとって会社が居心地がいいので家に帰りたくないからだ。日本の男性の育児参加率が異常に低いことから推測されるように、男性の中には家庭に居場所がない人も少なくない。せっかくノー残業日が設定されても、自宅近所のマクドナルドで残業してから帰宅しているという話もあるくらいだ。

もちろんこんなものが続いたのは、リストラもない牧歌的な時代だけであって、1995年に当時の日経連が日本型経営の終了宣言を出したと言われる『新時代の「日本的経営」』が発表されて以降に、徐々に崩壊している。いよいよ、猶予期間が切れつつあるのである。雇用の不安定化は大いに問題だが、人を異常に囲い込んでいたのもまた問題だった。社員をやめさせないために居場所も会社に囲い込んでいたわけだが、かなり異常な状況だったと言える。

今は少しずつでも「広場のない都市化」について手を打つ時期に入っている。都市化に年季が入っている古代からの都市には大小様々な種類の広場が存在していた。イスラム圏のモスクなんて昼寝には格好の場所だし、インドの街中には人が出会って井戸端会議をしたくなる三叉路などが多いという。フラッと行って人と話せる場所や、自己の精神を回復させられる場所が現代の日本にどれだけあるのか。これを考えなければいけない。

今は、急を要する問題として、地味でもいいので力を貯めるためのイドコロが必要だ。ただ、古来からの都市のような物理的な広場を日本ですぐにつくることは難しい。そこで、本書で考える作戦の基本方針は、小さな広場たる「イドコロ」をつくることにしたい。正気を失わない心構えを身につけるという「自己啓発的発想」ではなく、自分の意識だけに頼らず正気を失いにくい環境について考え、整備していこうという発想である。いろんな種類のイドコロを考え、それぞれを身の回りに整備することで全体として心身の健康を保ちやすい条件を整えていく作戦だ。

イドコロのつくり方としては、文字通り新たに場所をつくることもできるし、すでにある場所に広場性を見出していくなどの方法を考えている。昔風に言えば、村で伊勢参りをするための集まりである伊勢講のような「講」や、句会を行うための俳句の「座」も近いものかもしれない。句会はただの趣味の集まりだが、そこで仕事を紹介し合ったりもしていたらしく、経済的なセーフティネットの一つにもなっていた。こういう文化風習は、ハード面のコストが小さいし、真似しやすい。現代的なイドコロをつくるための文化風習の考案と実践を本書では目指す。

これはいわば、身の丈の公園（小さな公共空間）整備だ。地道な作業になるが、各自が5～10年ぐらい取り組んでいければもう少し世の中も住みやすくなる。それまで、私たちは個々人としても正気を保っていきたい。それは民主主義を実践する土台にもなるし、個人としても元気に過ごすための基盤にもなる。

これからそのイドコロのつくり方について考えていく。ご興味をお持ちになられた方は、続きを読んでいただきたい。本書もまた一つのイドコロになることを願っている。

〈参考資料〉

High income improves evaluation of life but not emotional well-being
Daniel Kahneman and Angus Deaton
https://www.pnas.org/content/107/38/16489

「満足度・生活の質に関する調査」に関する第１次報告書　２０１９年 内閣府
https://www5.cao.go.jp/keizai2/manzoku/pdf/report01.pdf

練習問題その1

やりたいことはあるんですけど、自分にはＳＮＳのフォロワーも少ないからできそうにありません。フォロワーを一気に増やせるコツなんてないでしょうか？

答え

まずは一人だけでいいから真剣に意見をくれる人を探そう。一気にフォロワーを増やそうなどと考えないほうが健康にいい！

まず一つに、フォロワーは現金ではない！　ＳＮＳは名前の通りソーシャル・ネットワーキング・サービス、会員制交流サイトだそうです。そういえば会員制のいいところってなんでしょうか？　一見さんが現れて場を荒らすのを防げるのがいいところです。一見さんお断り（紹介されればＯＫ）で京都のお茶屋さんは長年生き残ってきました。瞬間的に有名になることは事故みたいなものです。それより長く面白く活動し続けたほうが楽しいので、フォロワーは無駄に増えないように気をつけて、合わない人にフォローされないように努めるほうが平和な日々を送れます。

第1章　「イドコロ」とは何か

「イドコロ」は思考の免疫系の構成要素

現代は、正気を保つのが難しい時代である。油断すると、何かの中毒になりやすいし、常軌を逸した価値観にハマってしまう。ただでさえ資本主義はあらゆる物事の規模を拡大させ過剰にする圧力を持つ。これは重力に近い。ある程度重力に逆らってようやくバランスが取れる。例えば、「資金調達の額は大きいほうがいい」「売上は大きいほうがいい」「利益は大きいほうがいい」、こういう正気を失わせる誘いが常にある。しかし、これらは生活のゆとりや質、安心感とは全く関係なく、時に環境を破壊する。

昨今、ネットメディアでは動画の再生回数や閲覧数が収益に直接的に比例するようになった。結果、より過激に、パフォーマンス重視（目立ったものの勝ち）になりやすくなっている。このゲームに巻きこまれると正気を失うだけでなく、時間も吸い取られる。まさに私が拙著『ナリワイをつくる』で指摘したバトルタイプの主戦場が広がっている。

他にも理不尽で過酷な職場なのに辞められずに居続けてしまうことも正気を失っている状態と言えるだろう。外野は「さっさとやめればいいのに」などと言うが、異常な環境に置かれるとそれ以外の情報が遮断されて、一定の人は従ってしまうのは歴史が教える通りである。内部に呑まれるとなかなか客観的になれない。ましてや行動に移すことはさらにハードルが高い。

人が正気を失うのはどういうときだろうか。正気とは相対的なものではある。カルト的な教団の思考にどっぷりハマっている人にとっては、外部の人間は正気を失っているように見えるだろう。しかし、ここで、正気を失うとは、良し悪しの検討が不能になる状態を指す。Aは絶対的に善だから、一見ダメそうな行いでもこじつけて良いと評価する、Bは絶対的に悪だから、あらゆる過去の事象を捻じ曲げてでも貶める、という思考は正気を失っていると言える。政治的な話でもこうなりやすいし、DV（ドメスティック・バイオレンス）などでも発生しやすい事実誤認である。「暴力はいけない」という価値観は人類が正気を失うのを防ぐ重要な価値観だ。平常心ならダメと判定できることも、異常な状況に置かれると変な理屈をこねくり回して正当化してしまう。人類は少しずつ、モラルを更新して丈夫さを高めてきているのである。「暴力はいけない」という理念。今は当たり前だが見事な発明である。「人の命に優劣をつけない」という理念も人類の蓄積だ。これらはどういう理屈をこねても守らないと弊害が大きいことが証明済みである。結局は人次第という現実はあるものの、理念は行動の枠組みになる。この効果は大きい。

これまで人間は、このような理念の蓄積で正気を失いにくくしてきた。それでも社会条件や生活環境によって、正気を失いやすい場面はけっこうある。価値観が揺らぐ変革期に新興宗教が増えるのは、正気を失いやすいタイミングだからだ。正解が分からないのはストレスが溜まる。そういうときにあるドグマには価値観のゆらぎを止めて安心を与えるという効能がある。

さて2020年代、相変わらず価値観が変わると言われ続けている。正気を失いやすいタイミングである。この自覚が必要だ。現代は、価値観が変わる過渡期であること、異物である情報が増大していることからも、正気を失いやすい時代である。数年前には、人々の余暇時間がSNSに使われているから、空白の時間が減ることで新興宗教の勢力拡大が抑えられていると言われていた。最初は私もその通りだと思っていたが、現実は少し異なる。私が観察した感触だと、分かりやすい教団は少ないが、宗教とは言えないぐらいの薄い小さなカルト集団が広がっている。それは時にはボランティア団体の姿をしていたり、ミニカリスマの主宰する塾だったりする。これらの一部がカルトたる所以は、歴史を都合よく修正することや、カリスマが暴力行為やモラル逸脱行為を働いても多くの信奉者は失望もせず、評価が変わらないことである。

ライトなカルト行為の代表的な例をあげると「いただきます」の神聖化である。この挨拶を、日本古来の言葉と解釈する団体がちらほら見受けられる。しかし「いただきます」は戦前に生み出された号令で、神聖化するような挨拶ではない。このような人工的な信仰を商売のネタにする活動は活発である。実態のない「江戸しぐさ」なども代表的な例だろう。宗教とまではいかないが、このようなライトなカルト行為をダシにした集金活動は21世紀でも健在である。

ところで人類が大きな共同体を形成できたのは、物語を共有することができたからと言われている。つまり物語化されたものを信じてしまいやすいのは人間の習性であり弱点でもある。物語に対する免疫が弱いと言ってもいいだろう。心理学研究を悪用して他人を操ろうという輩は昔からいるが、乱世になるとどうしてもこの攻撃に巻き込まれやすくなる。現代は悪質な物語に呑まれ正気を失うリスクを常に負っているのである。「自粛警察」などは近年の典型例と言っていいだろうし、見知らぬ有名人を根拠のない噂を信じ「正義だと思って」バッシングしてしまった人も正気を失っている。いかなる他人や情報に触れることも、正気を失うリスクを大なり小なりはらんでいる。だからといって情報を一切遮断する、人と関わらない、というわけにはいかない。未知なものに触れるのは楽しいし精神の活力を生み出すのにも不可欠だ。

そこで鍵になるのがイドコロである。人は、様々なイドコロを持っている。自分が居心地よく精神を回復させられる場だ。近況をおしゃべりする友人から家族、趣味の集まりや、街の広場、気に入った公園、あるいは自分一人で楽しめる趣味など各種のイドコロがある。これら一つ一つが、正気を保つことに貢献している。複数あることが大事だ。よく洗脳で使われるのは、洗脳する側と繰り返し会わせ、洗脳しやすくするために対象者を他人から隔離する方法だ。こういうのを防ぐためにも、複数のイドコロを持つことが大事である。

何か厳しい状況があっても、心が落ち着き、平静を一時でも取り戻せる場を持っていれば、客観的な視点を失わずに済む。なんか変だなと思っていたことを友人に話したら、「ああ、あの違和感は正しかった」と修正できる。頭に血が上っても、一呼吸おいて自然の多い公園を歩けば一歩引いて見直せる。イドコロとは自己をいい方向に変えるものである。様々なイドコロを持って、手入れをしていくことはこの乱世において正気を失わないために大いに役立つ。これは、何かにチャレンジするための基盤になる。正気を保てる安心感があってこそ、上手くいくか分からないことに挑戦できる。また、イドコロは、立場を超えた議論が成立する土台にもなる。立場も考えも異なる人が意見を交わして妥協点を見出していくには、一人ひとりが頭を冷やす時間が必要だ。「民主主義が成立するには広場が必要だ」と誰かが言っていた気がするが、それには理由がある。広場では、身の安全と人と人との対等性が確保されていて、集会をして対話ができることが約束事になっている。

本書では、身体の免疫系を喩えにして正気を保つための仕組みを構想する。正気を保つための場の一つ一つをイドコロと設定し、病原菌のように正気を失わせる異物に対抗するイドコロの総体を「思考の免疫系」と仮定する。だから、免疫物質と同じように本書ではたくさんの種類のイドコロが登場する。

空間として見ると、イドコロとは個人的な広場である。個人がつくれるサイズの小さい広場だ。文化人類学や建築学などにおける広場論では、「広がりがあって人が目的を持って集まれる空間」を広場と定義している。キリスト教文化圏では大聖堂の前に広場がある。旧社会主義国では、議事堂の前に広場が設定されており、仏教国の場合は、寺院全体に小さな施設を散在させることで人々が集まりぶらぶらできるようになっている。このような、比較的大きな機能を持ち、都市全体で共有できるような空間が広場とされている。これに対して、本書では、イドコロを個人のための最小単位の広場として定義する。そこにいることで精神を回復し、思考に活力が生まれ、風通しがよくなることがイドコロの条件だ。

『世界の広場への旅――もうひとつの広場論』（芦川智ら著・彰国社）によれば、広場とは正方形のものから、神社の参道のように帯状のものまで大きいサイズのものとされている。一方で、具体例はあげられていないが、小さい規模の広場も考慮しうるという提案がなされている。

本書では、この小さい広場を具体的に考える。道に開かれた縁側ぐらいのサイズでも居心地がいい場所になるのであれば、それも広場的空間と考えてよい。縁側はいささか分かりやすすぎる例だが、小さい広場を見つけていくことが、この乱世を元気に過ごしていく力になる。ついついSNSに時間を取られてしまう世の中だが、イドコロをつくれば自ずとSNSに費やす時間は減っていくと思われる。

小さい広場のつくり方が発達し、誰でもイドコロをつくり、見つけることができるような状況が本書の願いだ。そして、その効果は大きいと私は思っている。イドコロが思考に余裕を与えて各自がそれぞれまともな見識を育て、何かを考えぬく思考の丈夫さを生み出せるようになればそれは相当なことである。「こうすればすぐに世の中が、自分が、変わる、良くなる！」というインスタントな言説への期待は捨てて、今は正気を保ち力を蓄えることに注力しよう。混迷の時代は、ごく小さな人の集まりで前向きな会話ができることが力になる。アイデアを練り上げ実行に移すには話し相手が要る。答えがなく、そもそも問いも見えない中では、他者と話すことから何かを見出していかなければならない。その相手が人間でもいいし、茶杓でも燕（つばめ）でもあるいは天体でも化石でもいい。

旧社会主義国家は、形式上は民衆主体の国なので議会の前に大きな広場をつくった。これは、皮肉にも社会主義体制の終焉時に民衆の力を結集するのに役立った。広場は時代や社会を変える基盤にもなりえる。日本の場合は小さい広場、すなわちイドコロが力を発揮するだろうと思う。高知県の自由民権運動のときには秘密を守るために「猪狩り」という名目で有志が街から山村に集まり、普通選挙への道筋を話し合ったという。戦国時代には大名が茶室に集まり、いつごろからか村の若い世代は若衆宿に集まった。私の経験では、大学院にいたときに煮詰まっていた研究について当時住んでいたシェアハウスの友人に意見を求めたところ、仕上げに関わる決定的なアドバイスをもらえた。煮詰まった場面にはイドコロが必要だ。

正気を失わせる圧力を認識しよう

既存の構造を維持したい側からすると、一番いいのは、何かを変えようという目的を持って人が集まることを防ぎ、細かい意見の差異で人々を分断することである。また、都合の良い方向に同調させることも好まれる。「ONE TEAM」などの掛け声は大変便利だ。

この分断に加わるのが拡大志向の広告である。広告は、もともとは「今度この歌舞伎役者が出る」「冷やしあめあります」といったシンプルな告知をするものだった。現代は、自覚しない差異を認知させ、欲望を喚起するように高度化している。こういった人との差を恥や不足と思い込ませる技も一つの分断である。「家を所有して一人前」などの持ち家信仰もその典型である。また、狙ってバズ（SNS上で話題になること）を起こさせて、依頼主がいる広告情報をさも世論かのように見せる技も発達してきている。この見えない広告の問題点は、自分の意思と思い込ませられつつ、実は他人に振り回されている状況をつくってしまうことだ。自分の意思ではなく他人の意思で行動するのは人間の神経を消耗させる。

イドコロは、人が無理やり他人に同調することなく共感を得て元気が湧く場である。差異を生み出す広告が目に入る場所では、居心地の良さは生み出せない。広告は「〜を持っているほうがいい」「〜がないとヤバイ」という感情を巻き起こし、持てるものと持たないものの分断を生み出す。そんなわけで、小さな広場、イドコロをつくるコツは、広告、特に拡大志向の広告を入り込ませないことである。広場に広告はいらない。インターネット上の広場は無料の代わりに、広告が入り込んでくることが大半だ。これはイドコロとしては大きな欠陥になっている。実際のところ、2000年以降に生み出されてきた広場っぽい空間の多くが、実は広告掲載料金で運営費が賄われているビジネスモデルだ。だから居心地の良い空間が持続できなかったのである。

公共施設でも企業のネーミングライツで名前が変わるようになったり、コピー料金がタダになる代わりに裏面に広告が強制的に入ってくる、タダで使えるblogだが広告が表示される、Twitterには仕事として依頼を受けて投稿する広告請負アカウントが多数ある、Facebookには見たくもない広告が氾濫し、政治のフェイクニュースが蔓延し、Instagramではお金を払えばフォロワーが買える……。どこもかしこも一見無料で人が集まれる空間に見えるが、広告の影がある。これではイドコロになりえない。もちろん、公共的施設の維持運営にそれなりのコストがかかるから、ネーミングライツぐらいはやむを得ないという意見も理解しないわけではない。しかし失うものがあることは自覚すべきだし、海岸の名前を売り飛ばすようなことまでいくとやりすぎだ。

昔からあるイドコロの再発見とmixiの再評価

身近にある広場としては、川の河川敷、出入り自由の寺院、鎮守の森にある神社、図書館、などが分かりやすいが、子供にとっては駄菓子屋も広場になっている（いた）。場合によってはコンビニの駐車場も広場になっていることもある。新しく寺をつくるのは大変だが、近所にお寺を見つけてその使い方を編み出すことで自分のイドコロを見出すこともできるかもしれない。昔からあるイドコロの使い方を編み出すのも本書における主要な作戦の一つである。

一方、インターネットも広場になっていたわりと牧歌的な時期がかつて2000年代までにはあった（すでに「荒らし」も「炎上」もあったが）。例えば広告が掲載されるようになる前のβ版mixiは、広場といってもよかった。当初は招待制で、誰かに招待されないと使うことができなかったのである。各自がごく知り合いの範囲にだけそれぞれの出来事や考えたことを日記という形式で書き、コメントし合うという平和な空間で、趣味に特化したコミュ（フォーラム的なもの）に各自が複数参加する文化だった。コミュは加入承認制だったが、基本は出入り自由である。銭湯好きが集まるコミュでは、銭湯主も登場し銭湯通いをしているマニアと意見を交わしていた。時は経ち、2020年になってコミュの交流をきっかけに銭湯を運営する側に立つ銭湯ファンが現れたりしている。ここには文化が生まれている。他にmixiから発祥したものとして「森ガール」というファッション様式があるが、これは普段はファッションとは関係ない業種の会社員の方がつくったコミュから発祥して話題になったものだ。ファッション業界が仕掛けたわけでもなく自然発生である。このように当時のmixiには文化を生み出す土壌が一定はあったと言えるだろう。

しかし、その2000年代とてネット掲示板への荒らし行為などはあり、適度に開かれていて平和なインターネット空間は希少だった。さらに治安の悪くなった現代のSNSは、くつろぐ場所ではなく、おもに告知か告白や告発の場である。ただしこれは、それだけ世の中に告発すべきことや是正すべきことが多いことの反映でもある。また速度も重要だ。Twitterをはじめとして速度の速いSNSは、流行りものを一気に消費して早々にオワコン化していく。長く使えるはずのコンセプトでも、本質を捉えない劣化コピーが増えて飽きられる状況だ。これまで使い潰されたコンセプトは多い。発酵、ツリーハウス、ノマドワーカー、スモールビジネス、新しい働き方など……。コンセプトは旗印のようなもので、うまくいけば多くの人にイドコロを提供する。旗が立てばそこに人が集まり会話が生まれる。波及効果は大きいのである。それだけに使い捨てにしてはいけない。

働き方を改革したければ、コンセプトも長く使い続けられるように育てていかなければならない。モノを大事に長く使うだけでは長持ちする社会にはならない。コンセプトも同様である。速度の速いＳＮＳは、コンセプトを長持ちさせるよりも消費して摩耗させるほうが得意だ。そこに巻き込まれすぎずに、できれば静かに染み出すように知られていくほうが望ましい。イドコロをつくり、育てていくためには適正速度を守ろう。もしインターネット世界にイドコロをつくるならば、その点を注意していくことが大事だ。うっかりバズが起きてしまいそうになったら消すぐらいの慎重さが求められる。「バズったら宣伝」が当然と考えてはいけない。「バズってしまったので消します」を選択肢に入れるべきである。ＳＮＳは #ME TOO運動のように広く人類が共有すべき倫理観や、明らかな社会不正義をいち早くより多くの人に知らせるのに有効ではある。しかし、もはや居心地を求める場所ではないことは自覚するべきである。ちなみに２０２０年3月、マスメディア広告費の総額をインターネット広告費の総額が追い越したというニュースが流れた。いよいよメディアの主役が変わるのか、という意見が大半だったが、私は、ついにインターネットも居心地が悪い空間が増えていくのか、という感慨があった。広告が増えていく空間が居心地がいいものになるとは思えない。

イドコロ的に考えると、一見良さそうなオンラインサロンも、それ自体が主宰するミニカリスマ自身の広告的要素から完全に逃れることは難しい。オンラインサロンの概要を見ていると、ミニカリスマと参加者の差異（ファンの憧れ）から料金を徴収する方便になっていることが多い。素直にファンクラブと称するか、さもなくば研究会ぐらいの目的意識と参加者のフラットさがあったほうが居心地の良い場にできるのではないかと思う。その辺を理解しているのかどうか分からないが、名前だけは「なんとか研究所」などと命名されたオンラインサロンも多いのでイタチごっこである。名乗るだけの研究をちゃんとやっているかどうかは、研究報告をオープンにやっているかどうかで見極められる。ノウハウを共有する程度のことでは研究とは言えない。メカニズムの解明、これまでの考え方を更新できる理論の追求、このあたりぐらいを目指している必要がある。でなければこれまでの同業者懇談会と変わらない。むしろインターネットは、そういうしがらみが嫌いで発展したものだったのではないか。現状のオンラインサロンは、少し目立った人のための草刈り場になりがちな感触がある。ぜひ気をつけたい。

イドコロとしての伊勢講

さて、ここでよりイドコロへの理解を深めるために、序文で触れた伊勢講がどういう意味で広場と言えるか考えてみよう。江戸時代は、伊勢参りが大流行していて全国の人々の夢の旅だった。ただ伊勢神宮に歩いて行くにしても、草履(ぞうり)代、食事代、旅籠(はたご)代、遊興代、橋がない大井川を越えるなら、担いでもらうための人足代などが必要だった。一人で資金を貯めていると貯まるまで時間がかかりすぎるので、村のメンバーでお金を出し合って交代制で伊勢参りをしたのが伊勢講である。代表して伊勢参りする人は、お土産を持ち帰ることがミッションだ。ここで大事なのは、構成員が賛同できるテーマがあり、協力すると楽に実現できる仕組みがあることである。思うに伊勢講は伊勢参りを口実に、困ったときは助けてもらえる実感が得られる場にもなっていたのではないだろうか。ポイントは自分の手助けがどこからか返ってくるところだ。田中さんからお金を借りて伊勢参りをすれば、田中さんだけにお返しをしないといけない。これでは窮屈になる。別の誰かが助けてくれるかもしれない、くらいがちょうどいい。現代で応用するなら、伊勢参りはそこまで大変じゃなくなったので、現代的に伊勢参りに近いハードルの高さを探すといい。例えば、海外に拠点をつくるために何人かでお金を出し合い、代表者が先に働く場所や住む場所を立ち上げ、メンバーが随時あとから移動する。こんな海岸拠点をつくるための講をつくる、などができそうだ。海外移住にはまとまったお金が必要だが、賛同できるメンバーが集まれば、実現性は上がるのではないかと思う。失敗したときどうするかも含めたルールをどうつくるかが鍵だ。

例えば年間10万円を20名で出し合うと200万円。海外に店などを出すのにはだいぶ不足だが、国によっては1人が1年間ぐらい住んで語学を習得するぐらいはできそうである。その間に、信頼できる現地の友人を見つけて下調べをしてもらうことなどもできる。年間10万円でその成果が共有できるなら安い。これも、メンバーが好きな国で集まるのか、あるいは別の要素で集まるのか、この集まり方の設定が大事になる。

伊勢講の場合は、村という単位で形成されたが、現代の伊勢講的なイドコロづくりをする場合は、地縁以外の要素を考える必要がある。逆に、子供の預かり合いなどは近所のほうが圧倒的にやりやすいので、近隣に住んでいる人たちで子供の預かり講のようなものを結成するのが向いている。伊勢講の応用は一つの有力なイドコロのつくり方になりえるだろうし、自分が発起人にならなくても発起人になりそうな人を見つけて積極的に参加することもイドコロをつくる行為と言える。

かつてのイドコロの例

他にもかつてのイドコロの例から考えてみよう。日本家屋の縁側。この緩衝的エリアは家に上がり込むまでせずに、集まって話ができるので、小さい広場と言える。ただ、現代ではいきなり縁側をつくっても何も起きない。家の主が明るい時間帯に縁側にたたずむ時間がないと広場にはならない。会社勤めだと自宅に縁側があっても、普段は誰もいないことになってしまうので、これではイドコロとして機能しない。人がいるように工夫していかないと縁側をつくってもイドコロにはならない。ハードだけではイドコロは生まれない。

　私の友人は、とある地方都市で自分が事務所にしている平家の一軒家の庭に広い縁側（デッキ）と私設図書館をつくっていた。夜は簡易宿泊所として運営することで、私設図書館の利用料を無料にできていた。それだけでも高校生が本を借りて勉強する場になっていたが、しばらく運営した後にさらに2坪程度の倉庫を改装して店舗をつくったところ、なんとタピオカミルクティー店をやりたい人がやってきたのである。人口3万人の街にタピ（オカ）！　店主の才覚もあり、あっという間に人気店になり縁側に人が集まってくつろぐようになったという。図書館、飲料店（タピオカミルクティー店）、縁側という3つの要素がそろったことで小さな広場になった例と言えるだろう。

　縁側という古いコンセプトをリバイバルさせるには、なにがしか現代に合わせた工夫がいる。特に都市の住宅は、縁側をつくってもすぐ目の前を塀で囲われてしまい、檻みたいな縁側になってしまうことが多い。縁側を生かすためには、塀をぶち壊すしかない。一度、勇気のある家主に頼まれて有志で縁側の周りのブロック塀をハンマーで打ち壊したことがある。窮屈だった縁側がゆとりを生み出す空間になった。家は壁で囲われていないといけない、というのは防犯上良さそうに見えるが、見通しが悪くなって逆効果のこともある。

他の古い広場の例としては、会話を交わすことは多くはないが、人が集まって精神と体力を回復させる場としての銭湯があげられる。銭湯の回復ポイントは、湯の温かさもあるだろうが、他人とはいえ、「お湯は良い」という気持ちを共有する人たちが集まっていることが一つであろう。些細なことでも他者と同じものの良さを共感していると確認できるだけで人生に対する安心感や満足感を生むだろう。直接的な会話はなくてもいい。知らない人と頑張って会話するのは大変だが、銭湯を対象に「湯はいい」と思っている人が集まっているだけでいいのである。知らない人に話しかけるのを気にしないお年寄りなどは、突然「いい湯だねえ」と話しかけてくるが、無理せず「そうですね」ぐらいで十分だ。それでも、精神がいくらか回復する。ニワトリか卵かの判別が難しいが、一応、銭湯に行く習慣がある人ほど人生に対する満足度が高く、具体的には一日の中で笑う頻度が高い、という調査もある（銭湯組合の調査による）。これは、銭湯を個人的に愛好している身からすると納得感のある結果である。人生山あり谷ありのように一日の中でも良いこと悪いこと、いろいろなことがあるが、銭湯に入って一日を終えれば「まあ悪くない一日だった」と思える。それぐらいの力がある。そしてわずか470円（都道府県により異なる）。古くからある銭湯は経営が傾くことがあるので、意識的に通ってイドコロを確保していくことも大事な活動である。上級者の銭湯愛好家になれば、近所の銭湯をまんべんなく行くようにして、多くの銭湯の経営に貢献しようとするそうだ。銭湯のイドコロとしての役割をよく知っているのは愛好者だけではない、実は地上げ屋もよく分かっている。彼らは、地上げしたいエリアがあればまずは銭湯を狙う。銭湯を潰せば周りの住民がバラバラになり、風呂なし物件の人気が激減するので地上げしやすいのだ。銭湯は公衆浴場というだけあって、社会への貢献度は高い。銭湯をつくるのはなかなか大変だが、個々人が見つけ愛用すればイドコロをつくることができる。銭湯をイドコロだと認識すれば、使い方もより深化させることができるだろう。

イドコロの型

私自身も、当初から各種のイドコロを意識していたわけではない。生活を楽しくするために、イドコロ的なものを見つけたり、つくったりしていると、いくつかの型があるのでは、と思うようになったのである。そこで、イドコロを身体の免疫系に喩えて、自然免疫的な「自然系イドコロ」と獲得免疫的な「獲得系イドコロ」の大きく2つに分けてみた。自然系のイドコロは、生活を共同する集まり（≒家族など）、友人、仕事仲間である。これらは接する時間も持続時間も長く、意図的なイドコロづくりをせずとも生活の中で自ずと生じるタイプだ。人類の歴史的には生活を共同する集まりと仕事仲間は当初は狩猟採集を共同するグループだっただろう。一般的に強い継続性があり、負荷の大きい助け合いが行われることが多い。獲得免疫的なイドコロは、趣味、公共空間、お店、オープンスペースなどである。これらは必要に応じて自分でつくったり見つけたりする。自然系のイドコロよりも流動性が高いし、お金を貸してくれたりハードな助け合いは起きにくいが、いい点は、自分の状況に合わせてつくったり消したりできるところである。ここでは、ちょっとした手助けをしてもらっても負い目を感じることはない。イドコロという固定の場所があるようなイメージに思われるが、専用の物理空間を保有しなくても一時的につくられるイドコロもある。例えば、香川県出身の私が5年ほど続けた「うどんを手打ちする会」というのがある。これはうどんが好きな人が誰かの自宅に集まり、讃岐式の打ち方でうどんを打って、食べるだけ。天ぷらも揚げる。一人でやっても一種類のうどんしか食べられない。だが、複数人でやるといろんな種類のうどんが食べられて充実する上に楽である。いい会だったが、最近はやっていない。私が小麦食を控えるようになったからだ。このように特に獲得系のイドコロは無理に続けなくてもいい。特に獲得系のイドコロはある時期に出現して消えていくものである。

自然系イドコロ

●生活を共同する集まり（≒家族その他）

- ●（親しい）友人
- ●仕事仲間

獲得系イドコロ

- ●強い趣味の集まり
- ●公共空間の気に入った場所
- ●日頃通える小さいお店
- ●有志でつくるオープンな空間
- ●文明から離れて一人になれる空間

自然系のイドコロは、世間的に言えば、家族、親しい友人、仕事仲間である。これが全部揃っている必要はない。また、距離が近いだけに肥大化しやすいので注意も必要だ。あんまり存在感が大きくなりすぎると逆に窮屈になったり他のイドコロをつくれなくなったりする。身体の免疫でも免疫反応が暴走すると、過剰に炎症を起こして自己免疫疾患になってしまう。これと同じくイドコロの暴走もある。例えば、家族の干渉が強すぎて息苦しい、悪友と毎晩飲み歩いて仕事も家庭も崩壊気味になる、仕事場から戻れず家族や友人と疎遠になる……こんな話はどこかで聞いたことがあるのではないだろうか。自然系のイドコロは身近で存在感も大きいだけに、暴走するリスクもあるので注意が必要だ。単純に家族を大事にしよう、という道徳的なメッセージだけでは正気を保つには役立たない。いくつかの種類のイドコロが連動して、全体としてだいたいうまくいくことが大事だ。環境整備をしよう。

さて自然系のイドコロで、家族ではなくあえて「生活を共同する集まり」と呼んでいることについて解説したい。

生活を共同する集まり

生活を共同する集まりというと家族が想起される。ただし、これは必ずしも血縁にこだわる必要はない。今や普及し一般化した手法であるが、シェアハウスで他人と生活空間の一部を共有する行いも、ある意味では生活を共同する集まりだ。血縁家族よりもライトだが、風邪で寝込んでいたらシェアメイトが食材を買ってきてくれたり、助けてくれたりすることもあるだろう。シェアハウスというと「喧嘩しないんですか?」とかよく聞かれるが、揉めないルールと適格な人選をしておくことが大事だ。このあたりは細かいところを追究すると本が一冊書ける。しかし、シェアハウスは、共同生活ではなく、独占する必要のないキッチンやトイレ、バスルーム、リビングなどを共有することが基本で、各自が対等に生活するという基本が押さえられていればいいと思う。シンクなどを使ったら片付けるなど決めておいて、気がついた人が掃除する、散らかってきたら半日全員で掃除するイベントを開く、ぐらいでも大丈夫なことが多い。日本はまだ、血縁によらない人同士での共同生活の歴史が浅いので、多少の失敗は起きると思うが、失敗も大事で経験を蓄積し慣れていったほうがイドコロの選択肢は広がるのでいいと思う。浅いとはいえ、2000年ごろからぼちぼちシェアハウスが普及し始め、既に20年ぐらい経つ。単なるシェアハウスから一歩進んで田舎の家を共有したり、移住地を共同購入して各自が家を建てる、という動きもちらほら出てきている。これまでは、コレクティブハウスやコーポラティブハウスはものすごく難易度が高い手法だったと思うが、生活の共同化は住まい以外にも一般化していくだろう。住居に限らず、生活のある時期の一部を共同することもイドコロづくりに有効だ。例えば、子供の夏休みに各自が個々奮闘するのではなく、まとめて過ごしやすい場所を見つけて数人で準備する。私だったら、子供を夏休みだけモンゴルの遊牧民のところに預けて馬術を覚えるような機会をつくるだろう。これは一人でやってもいいが、数人だと宿題を教える人をスカウトして世話人として一緒に行ってもらったり、各親が交代制で面倒を見に行ったりすることもできる。いわばモンゴル・サマーキャンプである。信頼できる風通しのいい仲間をどう見つけることができるかが求められる。まあ、子供を遊牧民の家に預ける、という企画内容で自ずと合う仲間が集まりそうではある。

ちなみに、女性は男性より社会的に孤立しにくいと言われてきたが、これは一つには古い規範により女性は育児担当配分が大きかったので、育児という共通の話題を通して他人とイドコロをつくりやすかったということもある。男性も、また単身者でもぜひ育児担当をすれば、のちのち孤立せずに生きる力になると思う。寝食、保育など生活に関わることを共同するのは趣味性を超えたところでイドコロをつくる一つの方法と言える。私は中学生の頃に、授業に来ないやんちゃな同級生を給食の時間に呼びに行く役割をしていたが、普段共通の話題がない同級生とも、給食についてなら多少の雑談ができた。家事の共通性はあなどれない。井戸端会議などはまさに共有している家事インフラを起点にしたイドコロである。マウンティングなど存在せずに、ただしゃべりたいことをしゃべるだけのかつての井戸端会議でどれほど精神の安定を生み出したかは計り知れない。こういう井戸など不便なことがイドコロの起点になっていることは多い。不便なものの利点を理解し、補っていく策を持つことが大事だ。これは、デザイン工学の分野では「不便益」と言うそうである。さて、生活を共同する集まりに話を戻すと、昔は、家族と一括りにできたが、現代では血縁に限定した生活共同体だけではない。そのことを意識するために「生活を共同する集まり」と呼ぶことにした。

では、獲得系イドコロとはどういうものか。普段意識しないところなので一個一個を詳しく見ていこう。

強い趣味の集まり

ざっくり言ってしまうとマニアなサークルである。ちょっとやそっとでは同好の士を見つけられないぐらいの趣味がいい。「よくぞおいでなすった！」と集まれたときの感動が大きいからだ。

一例として、私が個人的に呼びかけ役をしているサークルの一つに、「竹で家をつくる会（仮）」というものがある。名前の通り、竹で家をつくる集まりだ。もともとはタイ武者修行というタイ東北部の山岳地帯に住んでいるアカ族にバンブーハウスの建て方を習う企画から派生した集まりである。焼畑で定期的に移動するアカ族の方々は、なんと竹で家を5日程度で建ててしまう。他方、日本の田舎では孟宗竹を中心に竹が繁茂しすぎて困っている。いつか日本で応用することを夢見て、アカ族の技をタイ現地で達人たちに教えてもらいながら竹で家を丸ごと建ててしまう企画を年に一回だけやっている。このタイ武者修行の参加者の一部が、日本でもやりたいと定期的に集まり練習会を開いているのが「竹で家をつくる会（仮）」だ。これは仕事ではない（たまに仕事になることもある）。日本の気候に適応させるために、あれこれ意見を出し合いながら里山で実験して、たまにワークショップでメンバー外にも公開する、というサイクルで活動している。仕事ではないが、里山で体を動かすのは心身に良いので続いている。もう一つの良い点は、練習場所にしているエリアにめちゃくちゃうまい海鮮中華料理店があるので、そこに行くのが楽しみで続いているというのもある。運動するとご飯がうまい。イドコロを維持するのに食の力は大きい。趣味系のイドコロをつくる際には、活動場所の近くにいいご飯屋を探そう。別にたくさんのお金を使う必要はない。お店でなくてもいい食材を見つけると食は充実する。先日は、漁協直営の魚屋でお買い得な値段の高足ガニを1杯買って皆で食べた。一人では買わない大物の食材を調達して皆で食べるのはいい工夫だ。一人ではできないけど何人かでやるとできて、楽しい。こういうことを日々探すのがイドコロをつくるコツだ。なんならこの一点だけでも、強い趣味のサークルをつくることができると思う。食材を探すサークルである。

牛肉、豚肉、鶏肉、お米など、良き生産者を訪ねて定期的に共同購入する集まりもやってみると面白いと思う。

趣味の集まりが続くには合宿も一つのコツである。合宿などができると濃く圧縮した時間をつくれて関係性が維持しやすいし、活動内容も濃くできる。大学などで伝統があるサークルは春の勧誘、夏の合宿などの行事で続けるための工夫がかなり集積されている。利益さえ出せば存続する企業よりある意味では高度な技術が要求される集まりだ。なにしろサークルは仕事ではない。長く続いているサークルは合宿にしても、穴場の施設を押さえていて夏など決まった時期に合宿をやる風習を持っている。遊びのようなサークルの行事にもそれなりに続けるための工夫があり、その結果メンバーが入れ替わっても存続する。短命に終わるサークルはそういう仕組みをつくる前に消滅する（それもまたよし）。ただし、合宿は非日常の企画なので、人数が多くなればなるほど安全管理はとても大事で、1、2年程度の年長者でも経験者が監督できるのは効果が大きい。

趣味の集まりに関して歴史上の人物で言えば、東京藝術大学（の前身）を整備した岡倉天心は、茨城県の五浦に集まれる建物を建てて、時折東京を離れて文士で集まっていたそうである。他にも今では東京から日本で一番移動時間がかかるエリアの和歌山県新宮市に、ある時期（戦前の大逆事件前まで）には東京から船で文化人が集まっていたようだ。和歌山県南部はアメリカ西海岸への移民が戦前から多く、帰国者や留学経験者もいるような土地柄で、新宮市には日本初の西洋式レストランや洋館木造住宅がつくられていた。東京の文化人の合宿場所になっていたのかもしれない。合宿は、日常の中で非日常をつくる良い手段だ。他にも空海が京都ではなく高野山に寺院を開いたのも、中央からの距離を取りたかったという理由があるという。合宿には、普段いる場所からの距離を取るという意味がある。物理的に離れるとやはり思考の息抜きができる。現代人は同じことをきちんとやる能力を要求されるので、どうしても同じ暮らしを繰り返していくと思考が固定化し、煮詰まる。

イドコロには主に精神を回復させ気力を充実させる効果を期待しているが、他にもエネルギーを増幅する効果もある。例えば、大分市の画材店で開かれていた中高生が集まる美術サークルには、のちの建築家の磯崎新、美術作家の赤瀬川原平、吉村益信がいた。地方都市のいち美術同好会も、強い趣味で人が集まることによってエネルギーが生まれうるという実例である。正気を失わないためのイドコロでもあるが、場合によってはそれを通り越してエネルギーを生み出す場にもなる。後年、赤瀬川原平氏もまた創設メンバーの一人として路上観察学会なる強い趣味のサークルを立ち上げていた。路上観察学会とは、無用な階段や自然にできた不可思議な痕跡などを収拾する活動である。今では各種ＳＮＳで面白い風景や建築物の写真をアップする風習が一般化したが、その先駆けと言える活動だろう。当時としては、それなんの意味があるの？と言われそうな活動だが、「看板建築」（木造家屋に屋根を隠すぐらい大きな看板をつけて洋風建築に見せる店舗建築の総称）など、そこから生み出された発見も多い。変わった建築物の写真収集なんて当時は奇人の所業だっただろうが、今では多くの人の楽しみになっている。

強い趣味の集まり、サークルに必要なことは、人数が増えすぎないようにすること。強い趣味なのでそもそも増えないが、人数を増やすことを第一には目指さない。一方で、有望な人に出会ったらスカウトする。新しいメンバーが増えるのは、単純にやる気につながる。これは！　という人がいたら誘ってみよう。次に、成果を公開することも大事である。誰もやっていない趣味は、それ自体が世の中に新しい視点を提示することができる。成果を公開して少しばかり世の中からフィードバックを得ると、やる気が増すのでおすすめである。成果の公開の方法としてはインターネット上で無料公開するよりも、部数が少なくても印刷して冊子にするなり、電子書籍にしたり、ワークショップで現場を公開することをおすすめしたい。せっかくの濃い体験をコンテンツなどと言って情報化し無料で公開することは、結局閲覧数による広告モデルに呑み込まれるのでおすすめしない。個々人の体験はコンテンツなどという資材ではない。

ところで、見方を変えれば現代では家族も極めて強い趣味の集まりという側面もある。これまでは婚姻における家族形成は生存手法の一つであった。なぜなら、特に農村部や地方都市では女性が（実は男性も）単独で自活できる職務を得ることが難しかった。家族は趣味ではなく必需品だった。しかし、現代では必需品ではない。これまでの家族は義務も強い共同体だったので、息苦しさや理不尽さ、不平等性があっても改善しにくかった。現代では、強い趣味のサークルとして捉え直すと風通しがよくなるかもしれない。つまり、共同生活や保育などの長期間の生活共同プロジェクトをやるためのサークルだと見てみる。サークルだと思えば、運営の勘所が分かるという人もいるかもしれない。本書では考えやすくするためにイドコロの分類を試みているが、具体的なイドコロにはいくつかの性質が重なっている。

公共空間に気に入った場所を見つける

イドコロをつくるというと、居場所をつくるようなイメージもあるだろうと思う。しかし、イドコロは自分が居るところなので、かならずしも知り合い同士が集まる場所でもない。公共空間に気に入った場所を見つけるのも一つのイドコロのつくり方である。つくるというより見出す。簡単なように思われるが、公園などの公共空間を使いこなせている人は多くないと思う。かくいう私も数年前まで公園の使い方はせいぜい花見に行くぐらいしかなかった。

さて、日本の公園の平日の利用率は高くない。土日は混雑している公園も、平日の昼間はほとんど人がいなかったりする。しかし、公園を活用できる個人的習慣をつくれば、それもまた精神を回復させるイドコロになる。気候がいい時期限定かもしれないが、公園が空いている時間帯にノートPCがあればそこは仕事場になるし、食後の15分ぐらい横たわれる芝生スペースを見つけておけば優雅な時間を過ごせるだろう。私も、木陰に座れる場所がある公園を見つけて、たまにそこで仕事をしたり、庭園の芝生を昼寝場所にしていた。一番素晴らしかったのは、学生時代を過ごした京都の鴨川の河川敷だろう。これは数多くの人がその良さについて文章を残しているので詳しくは書かないが、帯状に南北に広がっていて、街のどこからでもアクセスしやすく、ベンチも広くて弁当を置く場所に困らない。あれは素晴らしい公共空間だったと思う。住む場所を選ぶ際には、気に入った公共空間があるかどうかを基準にするのはよい工夫だ。東京でいえば、入場料が必要な公園も年間パスを買えばほぼ無料に近い価格で自分の庭にできる。公園のいいところは、都市にありながら自然物が豊富なことである。自然物は日々変化するところが良い。ジムで歩いたり走ったりしたところで季節の変化は観察できないが、自然の中を歩くだけで植物や昆虫の変化を感知できる。個人的な直感だが自然環境の適度なノイズは心身に良い。逆方向の無音室は拷問に使われることから推測しても、ノイズの小さい屋内空間にいる時間が長すぎると人間の心身に負担がかかるのではないだろうか。実際に最近、ずっと屋内で過ごすと近視になりやすいという研究報告が出た。これは、日光に含まれる紫の可視光線を浴びないと近視になりやすいことが理由である。近視は一例だが、生活環境があまりに自然状態から離れすぎると何かしらの不調が起きやすいと推測する。かといっていきなり自然児だと言って短パンで藪に入るとダニに噛まれたり、虫に刺されたりとダメージも大きい。自然との距離感が大事で、庭や公園はちょうどいい環境だ。公園など居心地の良い場所を見つけることは、劇的に気持ちを盛り上げる効果はないが、気が滅入るほどの落ち込みを回避しやすくなると思う。庭が充実している早朝のお寺なども狙い目だし、海辺に住んでいる人などは砂浜に散歩コースを持つのも一つのイドコロである。このタイプのイドコロは、24時間行けることと、基本無料なこと、一人でも居られるところである。首都圏だと、ちょっとした森があるとすぐにゴルフ場やアウトレットモール、どでかいテーマパークなどをつくってしまいがちだ。しかし、歩ける森をつくったほうがよっぽど公益性がある。生産緑地や森を持っている方におかれましては何卒一考していただきたい。

日頃通える小さいお店

商業施設も使い方次第でイドコロになり得る。純粋なビジネス要素だけのお店は現実には存在しない。お店は働く人の生活の一部でもあるから、そこでは余分なコミュニケーションが発生する。どんなに仏頂面の入国審査の職員も何かのきっかけでニヤッと笑うことがあり、その笑みはイドコロ的だ。そこでは瞬間的にイドコロが発生している。お店というのは有難いことに、永遠ではないにしてもいつでもそこにある。そして店員さんがいる。何かふとした時間に立ち寄ると、店員さんがいて注文などのやり取りがある。それだけでも精神の回復によい。ちょっとした世間話が心地いいという人もいれば、ただお店で一人読書をすることだけでいい人もいるだろう。自分だけでなく店主さんも元気にやってるなというのを日常の中で確認できるだけでも人生を鼓舞するものがある。

全国津々浦々の街に個人経営の純喫茶やスナックが生き残っているのは、多くの場合、そこに通う人のイドコロになっているからだ。店主と雑談をするのがいいという人、ただ顔を覚えてもらっている（だろう）という了解だけでも心の安定を得られる人、その場で顔を認識してもらって注文のやり取りをするだけでも十分な人もいる。それらの幅を許容できるのが良いイドコロになるお店だと思う。もし、近所にそういうお店を見つけたら保険の意味でも月に数回ぐらいでもいいから通っておこう。「今日誰とも会話してないな」と思ったら行く。会話というとハードルが高いと思うので、発話程度でいい。「誰とも会話していない」ことにも気がつかないようになると危険である。そういえば、大学のキャンパスが都市部に戻る動きが今は隆盛だが、ひと昔前の１９７０年代ごろは広い土地を求めて郊外に移転する大学が多かった。しかしお店などがないエリアにドカンと大学だけをつくると、自殺率が高まったという。新規移転による不慣れな環境、店がないので息抜きができず、陸の孤島で逃げ場がなかったことなどが原因と言われている。その話から推察しても、行きつけの店があるかどうかも、精神衛生の上で大事だと思われる。できれば近所にそういう店を見つけよう。なければ誘致してもいい。ただし、人が集まることを主眼にしたコミュニティカフェを立ち上げるという作戦は、経営を続ける難易度が高いので、たまにホームパーティを開くぐらいのほうがいい。やはりお店は商売なので、人が集まることを主眼にするなら儲からなくてもオッケーな仕組みが必要である（店舗兼住宅で家賃が安いとか）。イドコロとしては、純喫茶という形態は日本にうまくはまったと言える。他にも、街の寿司屋と蕎麦屋も近所の人がフラッと立ち寄る店として、コンビニ以上の数で存在している（しかも多くが住宅街の真ん中にある）。店主一人ともう一人ぐらいで切り盛りできる小さいカウンター＋αの店構えと出前との組み合わせで、個人が続けやすい形態として日本にハマったものと言える。ただ、今の時代にすると店内が見えず、常連さんしか入りにくい雰囲気になっている。貴重な場ではあるので今後少し変化を加えて引き継いでいくことも重要なイドコロをつくる仕事だ。かつて寿司屋は5万軒もあったが、いまは1・5万軒に減っているという。寿司屋によるイドコロの数が減少している。しのびよる危機だ。

有志でつくるオープンな空間

これもお店に似て個人の持つスペースだが、こちらは非営利の場所である。篤志家の力や周囲のサポートで、奇跡のような非営利スペースが生まれることもある。無償に近い形で人が集まれる場所はイドコロとしても強い。個人が立ち上げるイベントスペースやシェア工房などのイメージだ。古来からのものとしては、農村エリアにおける集会所や公民館だ。今でも集落コミュニティの核になっている。何かの集まりには公民館が使えて、一部地域では部外者を招いたイベントにも活用できる。公民館も個人の所有者がいるわけではなく有志で設立、運営されている。機能豊富な公民館だと、地域の婦人会などのグループで夏限定のビアガーデンが開ける規模の調理施設を持っている。公民館は、自分の記憶（１９８０年代香川県西部）だと、子供会で集まってカレーを食べるぐらいの記憶しかないが、地域によっては力強く機能している。非営利な集まれる場所というのはまぎれもなくイドコロになりえる。

公民館的なスペースはもちろん都市部にもあって、探せば地域センターなどの名称で存在している。でかい話で言えば博物館や図書館も市民全員がお金を出し合って維持しているオープンスペースだ。これらも一つのイドコロとして機能しうる。

最近、見つけてびっくりしたのは、朝5時から開いている朝食屋である。単に朝早くからやっているご飯屋と思って訪ねたら、採算が取れているのか不安になる価格で野菜豊富な雑炊を提供していた。聞けばそこは元大学教員のおばあさまが「健康はいい朝食から」という信念で開いた施設で、引きこもりや障がいのある方の支援の場でもあり、親子で遊ぶこともできるようにオープンスペースも用意されている。一部が宿泊施設になっており、その利益と有志からの寄付で運営されていた。これはかなり意識的にイドコロとしてつくられた場所である。

他にも私が「有志によるオープンな空間」でお世話になったのは、農的生活を送っているご夫妻が運営していた山奥の木造校舎である。元小学校を借り受けて田舎の生活に関心がある若人なら無料で寝泊まりと食べ物を提供してくれていた場所だ。これも奇跡の非営利スペースである。食料を自給していることが無償で滞在させることができる下地になっている。しかし、何といっても主の心意気によるところが大である。無償の行為の結果として、一時的に滞在した人たちが、そのあとに建物の修繕費用を集めたり、地域に残って活動を始めたりと次につながっていった。有志でつくるオープンな空間は、主人の個人的な力で立ち上がることが多い。それが次に引き継がれることもあるし、数年で終わることもある。しかし短い期間でもそれなりの役目を果たすし、そこで発生した物事は次に引き継がれていくはずなので、続いたら続くし役目を終えたら解散しても問題ない。

倫理観を共有できる空間は居心地がいい

イドコロには種類があるのだが、どれにも共通して大事なことがある。それは倫理観が共有できることだ。倫理観の共有が居心地の良さを生むことを示すエピソードを一つ紹介したい。かつてモンゴルのウランバートルのとある店の入り口で二人組のスリに財布をすられたことがある。事前に怪しい動きをしていると思って警戒していたので、気がついてすぐに追いかけた。犯人の一人は何食わぬ顔で近くのベンチに座っている。コンビなのでベンチに座っているほうの犯人は証拠を持っていなさそうである。しょうがないので犯人の写真を遠くから撮った。一旦引き下がった後、あまりに悔しいのでもう一度犯人を探しに行くと、驚くべきことが起きたのである。突然スリとは別の知らない人が近寄ってきて、財布を丸ごと返しに来てくれたのだ。「誰？」「なぜ戻ってきた？」など同時に予想外のことが起きて何が何だか分からなかった。しかし、手元に財布は戻ってきた。モンゴル人の友達に報告すると、モンゴル人の多くはチベット仏教の信仰が厚く、首都でスリが多いことを嘆いており、時々正義感でスリから財布を取り返してくれる人がいるのだという。なんという尊い倫理観。おかげでモンゴルとウランバートルへの共感度は高まった。このエピソードは対象が広い話だが、イドコロも同じく人が小さく群れる場所なので、そこに集う人の倫理観が共有できることが居心地の良さの決め手になる。これは人類学での友人の範囲の研究でも同様の結果があるそうだ。他人に酒を強要しないとか、嘘をつかない、人格否定をしないとか、そういうレベルのことも集まりを崩壊させないためにも締めていかないといけない。特に、趣味の集まりなどは、生活の必須要素ではないのでサークルクラッシャーなどの暗躍一つであっという間に崩壊する。例えば、ゆるいイメージで生活しているシェアハウスに、軍隊並みの規律を求める入居者が入ると崩壊する。そういうことには気をつけないといけない。ただし、シェアハウスより間口の広いイドコロ、例えば公園などであれば共存可能だ。イドコロの間口の広さも使い分けられるようになることも上達への道だ。

文明から離れて一人になれる空間

これは、人と集まるのではなく逆に一人になれるイドコロである。目下、人類の人口密度は過去最高を更新し続けている。おそらく、人類が当初想定していない人口密度のエリアが増えていると思われる。なにしろ、現生人類は狩猟採集生活を送っていた当時から身体や脳が変化していない。えらい適応力があるので、今のような生活にも対応できているが、これほどまでに物理的な密度や意思疎通の頻度が高まることは想定外だろう。冒頭の『ひろばの創造』でも指摘されているが、古来の都市や集団が一人になれる風習や場所を持っていたのは過密による弊害の緩和のためだろう。インダス文明ではヨガと瞑想の原型がすでにあったようだし、隠遁や閑居の風習は陶淵明（とうえんめい）（365年〜427年）や鴨長明（1155年〜1216年）など、かなり古くからあったようだ。今でもわりと大きめのお寺で座禅会が早朝行われていて誰でも参加できたりする。都市は人が集まりすぎているので、たまに一人になれる場所や風習を持っておくのも有力なイドコロづくりの一つである。

本章では、最小の広場としてのイドコロにいくつかのタイプがあることと、それぞれの特徴について考えてきた。精神を回復させ、挑戦心を高めたり、思考の風通しを良くするのがイドコロの働きだ。古来の例も見てきた通り、人は意識せずにイドコロをいくつも持っていた。しかしながら、イドコロは効率や生産性に寄与していないように見えるので、注目されないから、かなり無意識的に扱われてきた。まず、どれか一つに偏らず必要に応じてどれかが働くようにしておくことが大事だ。これまで、やれ家族が大事だ、いやゆるいつながりが大事だと、単体のイドコロの良さが強調されてきた。しかし、実践的には多種多様なイドコロが必要な場面でちゃんと働くようにしておくことが大事なのである。また、イドコロはコミュニティでもなく、あくまで人がいる「淀み」であることも重要な認識である。たまたま居合わせた人が適当な範囲で交流することが正気を保ち、元気でいることにつながる。そういう人が居合わせる淀みが、アクセスしやすいところに複数あるのが暮らしやすい世の中であると思う。

機能合理主義は産業的価値観のみで人の役割を測っていく。だから、油断すると様々なイドコロが無駄な余白として切り捨てられてしまう。経済競争の中では、趣味なんかしてる暇があったら仕事しろ、喫煙所は全部撤去しろ、などとなりがちだ。個人の定食屋よりもチェーン店のほうが全体としては競争力が強い。全てを経済合理性に特化したチェーン店にすると、どうなるか。大きな実験だが、おそらく話し相手がいなくて困る人が増えるのではないだろうか。極論すれば、多数のチェーン系飲食店とカウンセリングクリニックという二極化した風景が街に広がるのではないか。これではあまりにハイコストだし、アンバランスだと思う。ある一面から見た合理化を全開にしていくだけだと重要なものまでなくしてしまう。そこで、一見無駄に思われる余白をイドコロと名づけて、思考を巡らせてみよう、というわけだ。名前をつければ頭が動き出す。

それでは、次章からどのようにイドコロをつくるかについて考えていこう。

練習問題その2

お金を払って参加できるサロンのほうが意識が高い人が集まっていて有意義なんじゃないかと思うのですが、どこかおすすめありますか？

答え

ない！

品物を安売りすると中身を見ないで来る人が増え、荒れやすいのは確かです。しかし、集まる人の意識が高いかどうかを気にするのもつまらない。意識よりも行動を見ましょう。人間それぞれに意識が高い低いという固定された性質があるのではなく、意欲が高まるような環境があるかどうかが実際のところではないかと思います。それを見極めたいところです。

第2章

「イドコロ」をどのようにつくったらよいか

思考の免疫系としての「イドコロ」を育てる

第1章で現代におけるイドコロを8つの種類に分類してみた。改めて並べるとこちらである。

自然系イドコロ

●生活を共同する集まり（≒家族その他）
●（親しい）友人
●仕事仲間

獲得系イドコロ

●強い趣味の集まり
●公共空間の気に入った場所

●日頃通える小さいお店
●有志でつくるオープンな空間
●文明から離れて一人になれる空間

イドコロの存在を認識すれば、おおかたの目的は達成したようなものである。私たちの正気を保つためには、いくつかのイドコロを組み合わせて正気を失わせる異物に対抗していかなければならない。なぜなら、正気を失わせる要因もまた多種多様だからである。これは様々な病原体に対応している身体の免疫系と同じようなものだ。病原体と言っても、寄生虫、真菌（カビ）、細菌、ウイルス、さらには元身内であるガン細胞など大きなカテゴリーでもたくさんあり、さらにその中でも多種類だ。それに対して身体の免疫システムも、自然免疫と獲得免疫の2つの中でもさらに複数の要素を組み合わせて防衛している。最近話題のワクチンは主に獲得免疫を人工的につくることを目指している手法だ（中には自然免疫を一時的に強化できる薬剤もあるらしいが）。多数ある病原体に対抗するだけに、免疫を構成する細胞もいくつかの種類があり、私が子供の頃に習った白血球の中でも5種類ある。免疫学の分野は未解明の部分も多いので、随時新しい仕組みや細胞、物質が発見されている。この仕組みに倣ってイドコロの総体を「思考の免疫系」と喩える。免疫細胞のようにその思考の免疫系を構成するものがイドコロである。では、どのようにして思考の免疫系を手入れするかについて考えていきたい。

話は少し変わるが、イドコロよりも大きいサイズの広場（移動大学）についての実践をまとめた前出の『ひろばの創造』によれば、広場に必要なのは「ハードウェア」「ソフトウェア」「研修」であるという。これが三つ揃って文化になる。現代では工学研究者などが「ハード」や「アプリケーション」を開発する。だが、それだけでは文化は生まれない。その二つを使う実践の場、すなわち「研修」、今風にいえば「ワークショップ」が不可欠である。そして、実践の場からハードやアプリケーションへのフィードバックを返すことで、生活に馴染む道具になっていく。Appleが高いコストをかけて研修の場でもあるアップルストアを展開するのには、三要素を揃えて文化をつくろうという明確な意図を感じる。

この考え方は、イドコロにも適応できる。趣味の分野においては、「道具」「ルール・遊び方」「研鑽の場」が対応する。具体的に将棋で言えば「将棋の駒・盤」「ルール・技法」「将棋教室」の三つが揃ってようやく文化として伝統をつなぐことができるのである。つまり、イドコロをつくるときには、この三要素が揃っているかを点検していくとよい。

さて一つ一つ考えていこう。まずは、つくるという際にイメージしやすい獲得系のイドコロで考えてみたい。獲得系のイドコロは、未知の異物に対抗するために欠かせない機能である。社会が平和であれば自然免疫系たるイドコロ群、家族、友人、仕事仲間で大体のことには対応できるが、正気を失わせるような圧や罠が増えている現代社会では獲得免疫系も構築していかなければならない。

趣味の見つけ方は仕事よりも簡単ではない

趣味は、イドコロとして機能する。その中でも特殊性（マイナー度）が高くて引力が強いものを「強い趣味」と定義する。イドコロは人が集う広場であるからには広々した視野とくつろぎを与えるものでなければならない。趣味は実利に直結せず、職業とは直接的には関係ない。だからこそ人が集う場所として機能するのである。経済効率性を第一に置くと、余分なものは邪魔になるので、たちどころにイドコロ性は失われる。効率性を重視したシェアエコノミーは、無駄を極限まで省くためイドコロにならないのは直感的に分かるかと思う。それに対して、もともと効率性などを度外視した趣味の仲間内での貸し借りや交換は、困ったときはお互い様というファジーな世界観につながる。趣味の仲間同士での助け合いや、ついでの頼み事をいちいち記帳するような人はいない。これによって困ったら誰かに助けてもらえるという空気感が生まれる。なんとなく、というのが大事だ。リターンの保証を求めて人助けをすると窮屈になる。

　世の中で趣味の集まりがいつ頃からあったのか分からないが、江戸時代では、俳句を詠む句会などがあったようだ。句会を通して商売上の助け合いも行われていたらしい。さて、昔からある趣味には師匠が存在する。例をあげると茶道、華道、書道、武術、能などがあり、道具（ハード）や使い方（ソフト）が確立されていて、「教室」という形で師匠による「ワークショップ」の機会が常時提供されている。イドコロたるための必要要素が揃っていると言える。日本は趣味の蓄積が厚い。どんな地方都市でも、書道教室や茶道教室は存在することが多いし、手芸サークルも活発である。

ただし、趣味の集まりで一点注意が必要なのは、師匠選びである。伝統の急所として、いつしか形式主義に陥る。必要性からできたルールだと自覚的であればいいが、単に「こう決まっているから」とかになってしまえば、窮屈になるだけである。これではイドコロにならない。こうした古来の趣味がイドコロとして機能するためには、師匠自身が根本的な探究を続けていることが望ましい。単なる型を踏襲してなぞるだけではなく、その理由や背景を教えてくれる師匠の習い事だと続きやすいし、集まる同好者の人柄も居心地のいいものになるだろう。

なぜ趣味の集まりをあえて「強い」趣味の集まりと呼ぶのか。これは、ただの暇つぶしではなく自分なりの工夫をまじえながら何かを探究をする瞬間が、居心地の良い空間につながるからである。全てのイドコロには居心地の良さが必須だ。そのための条件が強い趣味の集まりだと、私は考えている。経験上、趣味の集まりの居心地の良さは「ハードルが少しずつ上げられる」とか「一人で簡単にできない」「押しつけられない」がポイントだ。本来であれば、学校の部活も、強い趣味としてイドコロになるはずだが、顧問が強権的だと居心地の良さが失われる。私の場合は、卓球部とハンドボール部という当時のマイナー競技の部活に所属し、特に強豪でもなかったのが幸いし、顧問もサポートはしてくれるが自主性に任せるというやり方だった。自分で専門雑誌（『卓球レポート』）を買って研究して試したり、のびのび前向きにやれた。今思い返すと、学生時代のイドコロの一つとして重要な位置を占めていた。これは運がよかった。

趣味といえど極めようとするとなんでも難易度は高くなる。そうすると師匠が必要になり、師匠を共有するために集まる理由が生まれる。どんな分野にも名人や達人はいる。身近にいなくても、皆で費用を出し合えば呼んで直接教えてもらうことができる。マンツーマン授業も語学学習や筋トレにはいいのだろうが、多くの技芸に関わることは弟子同士の切磋琢磨が上達の鍵である。例えば相撲でも、生きのいい若手が多い部屋からは出世する力士が多くなる。逆に、素質があっても部屋に有力な力士がいないと稽古相手に不足があって伸び悩むケースがある。師匠だけでも上達は難しい。これは大学の研究室選びや、はたまた職場選びでも同じだろう。上司が良くても、同僚にやる気がなければダメだし、同僚や先輩の人柄が多少良くても上司やトップがダメだとうまくいかない。つまり師匠と同輩の両方が大事なのである。強い趣味については、基本の三要素「道具」「使い方」に加えて良い師匠と良い同輩がいる「稽古の場」が揃っているのが理想的なイドコロだ。

では、自分が探究したい趣味を見つけるにはどうしたらよいだろうか。趣味なんて所詮遊びだし、簡単だろ、と思われる方がいるかもしれない。しかし、これはビジネス的な仕事選びより難しい。ビジネスは、自分の意思にかかわらずボールが飛んでくるのでそれを打ち返して、ひとまずお金に還元すればいい。多くのクライアントワークがそうである。だが、それに慣れてしまうと自由に課題を設定していいぞ、と言われたときに窮するようになる。これは、真面目に仕事に取り組みすぎた際の副作用であり、長い年月が経つにつれて深刻化する。趣味は、退職していきなり探し始めても簡単には見つからない。真面目な人ほど、普段から無意味で無目的なことをやる習慣を持ったほうがいい。趣味の世界は広い。スポーツや古今東西のゲームは競技化もされているので分かりやすいが、そのほかも例えばＤＩＹの中でも、家の修繕から農園を借りて自給のための畑仕事など、たくさんある。まだサークル化されていないものも多い。ＤＩＹサークルとかはあまり聞いたことがない。ただ、大学などでは農業サークルなどはある。趣味の探し方で便利なのは雑誌である。ある程度愛好者がいる分野であれば小さくても必ず雑誌が存在する。驚くべきことに、世の中には石を愛でる趣味の雑誌『愛石』という雑誌もある。これは個人の愛好家が雑誌の発行を続けているものだ。いい形、いい風合いの石を鉢に置いて愛でる趣味なのである。発行人自ら、「爆発的なブームがおこったことがあった。しかし、当然のことながらまもなくブームは鎮静し、今日では、真実、石が好きでやめられない人々がこの世界を形成している」と書いている。地味なのである。こういうのを探そう。雑誌が揃っている大きめの書店に行くのもいいし、出版社を通さずに個人が発行するＺＩＮＥにも手がかりがあるかもしれない。ＺＩＮＥは専門の書店や文学フリマなどのイベントで配布販売されている。

もう一つの探し方は、ワークショップや講座である。ここでイドコロづくりによい講座を探すコツは、複数回行われるものを選ぶことである。イドコロが育つには、時間も大事である。時間をかけて完結させる企画では、主催側も参加者同士の相互作用を期待していることが多いので、イドコロになりうる可能性が高い。私にも上京して生活が会社での仕事に占拠されていた時期に、仕事以外のイドコロがゼロになっていたことがある。大学コミュニティがなくなったので友人関係や研究室での仲間は一旦リセットされた。一人暮らしなので、生活共同体もない。人生で最も元気がなかった時期の一つである。仕事による幽閉から逃れるために一旦退職し、社会復帰を目指す際にまず起こしたアクションは、まさに強い趣味の集まりに参加してイドコロをつくることであった。様々探して、全12回ぐらい3カ月の社会人スクール（スクーリングパッド、普段教育の場にいない現役のデザイン分野の講師を招いて2006〜2010年ごろまで行われた連続講座）に行ってみた。サイトの解説文を読むと内容が濃く主催者が気合が入っていると思われたのである。結果的に、そこでは後に10年間以上続く友人との知遇を得た。私が参加している茶道グループの給湯流という集まりもここで生まれた。複数回行われる講座で個人名を冠した私塾ではなく、ゲスト講師は全員現場で活動を続けている人であり、特に権威もないできたばかりのスクールだった。そのスクールを修了したところで、転職に有利な資格などの分かりやすい実利は一切ない。まさに強い趣味の集まりである。いい条件であったように思う。

今は、様々なスクールや講座が世に溢れている。玉石混交で、どれが自分に合うのか分からないと思う。まずは、興味の湧くものに参加して目を育てていくしかない。講座としては、情報を受け取るだけではなく小さくても何かアクションを起こすところまでやれる内容がベストだ。

もし何かの講座を入り口に強い趣味の集まりを探すのであれば次の点に着目するとよいだろう。

・期間が長いほうがイドコロ性が高まる

・講師も現役である
・何らかのゴールが設定されている
・他者を尊重する倫理観がある
・まずもって自分が興味のあること（可能性を感じる程度でいい）

これらの点を押さえて探そう。

私自身も2017年に、強い趣味のイドコロをつくってみた。名前は「働く人のための現代アートコレクションを学ぶ会」である。美術が専門外の人が5万円程度の美術作品を買う集まりだ。現代美術の作品は、いきなり直感でやみくもに買っても続かない。そこで当会では3カ月ほどの期間、先人の話を聞いて予習する。それを踏まえて、作品を買う。講師の話を聞いて「いい話聞けました」というだけでは終わらない。己の眼でいいと思う作品に身銭を投じるゴールを用意している。

お話を聞くのはギャラリスト、コレクター、オークション会社の専門職の方などでやはり現役の方である。先生然としていない人に頼み込んで来てもらう。予習をふまえて、いざ作品を探しに行く。どこで買うかは自由だが、年に1回あるアートフェアに皆で行って、見終わった後に感想を話したりする。これは一人ではできない面白みがある。何人かで集まってやるからには、一人ではできない楽しみ方を考えるのが大事だ。作品を購入したあとに購入した作品の実物を持ち寄り、選んだ理由を発表して、ギャラリストの方に講評してもらう。別に正解を求める会ではないので、講評もダメ出しなどはない。自分の無意識を意識化することの手助けをしてもらうための講評である。「初回にこういう作品を買ったら次はこういうのにチャレンジしてみては」などのアドバイスは、やはり先達がいないともらえない。強い趣味には、多少のハードルの高さが必要だが、この会も日本では現代美術作品を買うハードルが高いので好条件である。評価が確立していない美術作品に5万円投じるにはそれなりに真剣にならざるを得ないし、家に飾ることも考えないといけない。会の顧問（師匠）の教えでは、仮に潤沢なお金があっても未経験からいきなり100万円の作品を買ってはいけないとのことである。目が育っていないからである。

強い趣味の集まりをつくるときに、是非とも注意したいのは、しゃらくさい蘊蓄に溺れないのと同時に「身近に」「敷居を下げて」までもやらないことである。よく何かの文化を普及しようとすると「敷居を下げて」と頑張ってしまうが、敷居を下げているうちに中身が変質してそもそもの良さが失われる。あらゆるものが簡便に敷居を下げて導入を簡易に、という流れにあるが、むしろ少々の敷居の高さは貴重である。やるべきは敷居を飛び越えるためのサポートである。ハードルは下げすぎてはいけない、ジャンプ力をつける手助けをしよう。ジャンプ力をつける中で自らが変わる。それが面白い。ゲームなどの脳の報酬系をいち早くハッキングできるエンタメは導入が簡単だが自分が変化しない。これでは強い趣味にはならない（対戦系のゲームだと相手がいるので別だが）。

ハードルが少し高いこと、インプットを受けるだけでなくアクションがあること、師匠がいてアクションに対してフィードバックがあること。これは強い趣味の集まりに共通して重要だ。

本書で「生活を共同する集まり」と定義した家族についても同じことが言えるかも

しれない。現代の家族は時代の変化もあり、師匠を失っていて外部からのフィードバックも少ない。家族内で完結してしまいがちだ。師匠的な人とフィードバックがあればもう少し運営しやすくなるのではないかと思う。実際のところ、生活が変わりすぎていて親世代のやり方を参考にしにくい。だからといって、今の世代にとって身近に参考にしやすいビジネス現場の論理や手法を家族に持ち込んでも居心地が良くなるとは限らない。家事分担を点数化して完全平等を目指すなど、ビジネス的発想としては妥当だが、この路線で突き詰めていくとそもそも家族を解体するほうがリーズナブルだという結論につながりやすいのではないかと思う。他の文化圏やちょっと年上の先人を参考にしたり、同じ状況の家族同士で相互に協力するなどの工夫があったほうが断然居心地が良くなるのではないか。

現代における家族運営については蓄積が乏しく、個々が孤軍奮闘している状態である。これではハードモードすぎるので、知見を共有したほうがいい。実際に現場ではすでに動きがあり、子供がいる人同士のシェアハウスなども出てきつつある。小一時間だけでも相互に子供の面倒を見られると、めちゃくちゃ助かったり、行き詰まり状況を共有するだけで楽になるだろう。同じ悩みを共有するだけでも威力は大きいし、その上で、前向きな策を考え出せればなおよしである。他人の少しの協力でだいぶ負担が楽になることがたくさんある。双子や三つ子などの育児になるとさらに参考事例や苦労を共有する場がなさすぎて親が追い込まれやすいという。少しずつであるが互助サークルができている段階だ。神聖化された「家族」をあえて「強い趣味の集まり」と見直してみてもいいのではないかと思う。もちろん将棋などの趣味の集まりと家族は性質も重みも違う。ただ、「強い趣味の集まり」という一面もあると見たほうが、「こうでなければならない」などの縛りで煮詰まることを避けやすいのではないかと思う。

気に入った公園を探そう

次は、公共空間にイドコロを見出す技である。公共空間というと具体的にどんなところだろうか？　まず思いつく限りあげてみよう。公園、図書館、市役所などのロビー、屋上庭園、公民館、自治会館、美術館、博物館、水族館、城郭、寺社仏閣の参道、駅舎、空港、道路、海岸、河川敷、運動場、学校、公営キャンプ場などだろうか。山村だと国有でも私有でもない共有林などもある。自分の生活圏の中で、具体な名前をあげて公共空間を探していくのも一つのイドコロ調査活動である。徒歩圏内、自転車圏内にどんな公共空間があるか、案外知らないものである。知らないだけで使えば素晴らしい活用ができる場所はけっこうある。私もこの1年で、行きつけの公園を5つほど見つけた。これまで日本はハコモノ行政と揶揄され、多くの公共施設を建造してきた。「ハード」はたくさんある。その分だけ、使いこなせていない余地はかなりある。「ハード」はあるから残りは「ソフト」と「ワークショップ」である。皆さんも、幼少期に遊んだ思い出の空き地や公園が一個ぐらいはあるのではないだろうか。それこそが公共空間におけるイドコロである。『ドラえもん』で描かれたような子供が自由に遊べる土管つきの空き地は今の都市ではほぼ絶滅してしまったが、既存の公共空間を使い倒す技能を磨いて余地を広げることはまだ可能だ。使い倒す技能とは、すなわち文化なので意識されていない。知らないうちに私たちが既に身につけている技もある。一つ例をあげると花見だ。日本では桜の開花時期だけは桜の木の下にシートを敷いて人が集まることができる。普段はできないが、花見と称すれば地べたに座っても許される雰囲気が培われているのだ。地べたに座って人が集まることができれば、そこがイドコロになる。日本においては花見をする行為の習慣は文化資源と言える。花見は短期的に出現する公共空間のイドコロである。ただ、花見の欠点は、酒を飲むので場が荒れることが多い点だ。肌寒い花見の時期に体の冷える飲酒を控えてお茶などを飲む会にしていけば花見もより健康的なイドコロになるのではないだろうか。

花見のような既に見つけているものを手がかりに、各自が公共空間でイドコロを展開していくのが、この「公共空間の気に入った場所」のイドコロのつくり方だ。月に一回、図書館で読書会を開くのもいいだろうし、自らが主催しなくてもどこかの読書会が開かれていれば参加するのもいい。学校が苦手だったある少年は、博物館で行われるけん玉教室が一つのイドコロだったという。一つのイドコロがダメでも別のイドコロがバックアップになる例だ。

公共空間の気に入った場所は一人でも使える。人が集まらなくてもイドコロになるのか？　という疑問があるかもしれない。イドコロというと「コミュニティ」をイメージするかもしれないが、あくまで居処であるから、一人でもその時間を充実して過ごすことができる場所と過ごし方を見つけられれば、それもイドコロの一つである。公園を一人で散歩しても、同じように一人で走ったり運動している人とすれ違うだけでも精神の安定につながる。私個人では、公園の樹木に相撲のテッポウを打つという趣味を一人でやっている。誰に共感してもらえるかなどは関係なく、上達そのものが楽しくやり終えた際の充実感があるうえ、同じ時間に公園で運動している人がいるだけで「人それぞれやってるな」と思える。精神的にいい影響がある。様々な公共空間をイドコロにしていく使い方を編み出していくことは、教養でもあり、正気を保つための技だ。デジタルデバイスに触れる時間が長すぎるとどうしても正気を失わせる情報を浴びやすい。それを減らすという意味でも公共空間にイドコロを見つけるのは一人でも完結するのでいい方法だと思う。この技は、定年退職していきなり身につくものではないので、長年かけて腕を磨いていきたい。かくいう私もようやく最近、散歩を兼ねて公園に懸垂をしに行ったり、木々を眺めに行くようになった。特に樹木の豊富な公園はありがたい。これは新聞で読んだ話だが、公園将棋という文化もある。記事では、仕事で不調になり家にこもりがちになった方が公園で将棋を日中やっている集まりに出会って調子を取り戻した話が紹介されていた。ただこの公園将棋も最近、行政の「環境浄化」という名目で激減しているという。

ここで、本書で扱う対象を「居場所」ではなくイドコロと呼ぶことにした理由を改めて考えたい。イドコロは居場所のように固定化したコミュニティではない。固定メンバーによるコミュニティの必要性を否定するものではないが、固定化し義務を増やしすぎるとフリーライダーへの妬みや村八分などを生むリスクがある。もう少し重たくなく、居心地のいい場所が必要だと私は思う。それがイドコロである。例えば路上は人のイドコロになりえる。いい路上をつくれば街の精神安定に寄与する。一例をあげると、台湾の宜蘭県を拠点にする田中央工作群という設計事務所は、路上に腰をかけるのにちょうどいいぐらいの低い壁を立てたり、公園に日陰をもたらす天蓋をつくることで、人がくつろげるような公共空間をつくっている。ついでに言えば、都会の台北市なども高層ビルは多いものの一階は大半がお店になっており、閉店後はお店の中で家族団欒の風景がある。カーテンやシャッターで隠すこともしていない。平和な風景を外から見えるようにするだけでも街の人を鼓舞するものがある。最近の新築のビルには一階に人気（ひとけ）がないのは気がかりだ。家々をあまりにも外部と遮断しすぎると孤独感を生みやすい街になるだろう。

つい先日、住んで10年の街で新しいイドコロを路上で発見した。それは、公園の入り口に毎週1回早朝1時間だけ現れる野菜の移動販売車だ。長く住んでいてもこの時間帯に公園前を通ることはなかったので、初めて遭遇した。店主の農家さんに聞けば、なじみのお客さんがいて、毎週野菜を買うのを楽しみにしてくれているのだという。これも立派なイドコロである。これはインターネットで検索しても見つからない。歩く時間帯を変えるだけでも発見がある。正気を失いそうになったらまずは歩こう。

日頃通えるお店を持つこと

お店は、あくまで私的な空間だが、お店なのであらゆる人に開かれている。これもまた一つのイドコロになる。精神的に疲れていると、楽なのでついチェーン店に吸い込まれていくことがあるかもしれない。しかしそれだけだと無感情になってしまう。直前に疲れることがあった場合は、休むために匿名性の高いチェーン店にいくのも一案だが、ずっとそれだと精神が回復しない。個人店も開拓していこう。相性がよければ個人店のほうが雑談しやすいので精神的なセーフティネットになりやすい。恐ろしい例でいえば、ある洗脳による監禁事件の主犯は被害者を個人の飲食店には連れていかなかったという。匿名性が高く外部との会話が発生しないコンビニなどで食事を確保させ、駐車場で食べることを好んだのだという。洗脳対象者に外部と接触させたくなかったのかもしれない。これはイドコロを奪って、正気を取り戻すのを妨害していると見ることができる。

日頃通えてイドコロになっているお店の代表的な例は住宅街にあるような小さい寿司屋だ。前述の通り街の寿司屋の数はコンビニよりも多い。出前や寿司をつまんで軽くお酒を飲んで亭主を介して手短かに雑談するという憩いの場になっている。住宅街の蕎麦屋も同じである。小さな寿司屋は、大いに常連さんの精神安定に寄与している。問題は、こういう文化資源がうまく次世代に継承しにくくなっていることだ。私自身も、まだ近所にいきつけの個人寿司屋はない。継承されない原因は、「ハード（建物など）」の老朽化、「ソフト（店主）」の高齢化と引退、存在していても常連さんの存在感が強すぎて新参者が入りにくい。これは「ワークショップ（行くきっかけ）」のなさが原因だ。古き小さなお店がどんどん減少していくのは時代の流れではある。しかし、何かに置き換えないと、精神を回復させるポイントが減少する。

住宅街の小さい寿司屋、蕎麦屋、中華料理店（いわゆる町中華）、小料理店、スナック、喫茶店などを、これから次世代に更新していくか新しく代替の場所をつくるかを次は考えることになるだろう。スナックは一時期注目されたこともあり、若い世代が引き継いだケースも出てきているようだ。小さいお店は放置しすぎるとなくなってしまう。散歩の話とつながるが、路地を見て何か光を見つけたら見に行ってみよう。また、個人商店ではなくて、チェーン店をイドコロにすることができるか、という問いもありえる。しかし、システム優先だからこそのチェーン店なので、質が異なる。ワンオペで働く牛丼チェーンの店員がお客さんと気の利いた会話をする余裕は少ないだろう。一方、チェーン店でも仕入れや看板だけを共有するボランタリーチェーンには、可能性がある。有名なのはデイリーヤマザキで、加盟料が安く山崎製パンを仕入れればあとは何をやってもいいので、店主が好きなレコードを掛けまくっている店舗などもある。関西でいえば、力餅食堂という同じ名前の定食屋がちらほらあるが、親方が子方の支援をするやり方で暖簾分けして増えたらしい。岡山市でも成田家という居酒屋がいくつもある。店舗名や仕入れは共有しつつ各店舗が独自の工夫で運営しているので、チェーンだが個人店舗らしさがあり、地元の方に愛好されている。

イドコロになるお店をつくるには、三つのアクションがある。一つ目は自分に合う個人の店を探すこと、二つ目は通って支えること、三つ目はなければつくることである。何年もその土地に住んでいるのに、気に入った店がないという状態は、探し方が足りないのか、店をつくる人がいないのか、いずれかである。大げさでなく、その状況は、その人やそのエリアの暮らしの脆弱性として危惧すべきである。逆に、住む人それぞれが気に入ったお店を持っている街はいい街と言えるので、住みたい場所を探す場合は、住んでいる人にお気に入りの店を教えてもらってその店に実際に行ってみると大いに参考になる。不動産開発で経済発展を推進しようとする日本の巨大都市では、個人商店をぶっ壊して建設費用のかさむ大型商業施設を打ち立てる手法が多いが、回収すべき投資額が大きく、消費以外の行為を許す余裕がない。あらゆることに課金していくこの流れだと、イドコロが減少していく可能性が高い。個人商店が潰され、公園も商業施設になるようになってきたらその街は住む場所としては不向きかもしれない。つい先日も、東京の渋谷で、ある公園が商業施設になった。隣の芝は青いとは言うが、公園に机型の囲碁盤があって人が集まっている台湾が羨ましいと思う瞬間はわりとある。せめて自分が住む街には、気に入った個人の店や公園を持っておきたい。

少しの篤志でオープンな空間をつくる

公共空間が皆で広く出し合った税金で運営されている場所だとしたら、こちらは個人や個人の集まりが資金や場所や手間を出し合って運営している場所である。古くからのお寺や神社は非営利スペースである。地域で維持費を出し合い人が集まりお茶文化を楽しんだり、講話を聞いたりする場所であった。他にも非営利スペースがある。近所では子育てが終わった老夫婦が自宅の一部を開放して子供が遊べる場を運営しているところもあった。有志が定期的に開催するマルシェもこのような非営利スペースのイドコロと言ってよいだろう。

このタイプのイドコロは個人でもつくることができる。最近増えてきているのが、歴史ある民家の住み手がいないので、公民館的な人が集まるスペースとして開放されているケースである。古い洋館を私設の読書空間として開放したり、勉強会や展示会に提供したりしている。こういう個人運営のイドコロは探せば町に一個ぐらいはあるのではないだろうか。また、そういうスペースは管理人が不足していることも多いので、運営に加わるというのも一つのイドコロのつくり方である。私も、短い期間だったが小さいマルシェの運営会議に参加したことがある。こういうのはより深いイドコロへの入り口の一つである。

ところで、特に都市生活で人がプレッシャーなく居心地よく過ごせるイドコロが減っているのは、家賃圧力が強いからである。時間経過とともに課金される固定費が高いので、時は金なりという意識を先鋭化させないといけない。結果的にあらゆるものを課金につなげるために広告が侵入してきて居心地の良さが損なわれる。電車も公共空間だが、景色を眺めるための窓も広告に浸食されている。この流れに対抗するのが、有志によるオープンスペースなのである。空きスペースを一時的に借りる、それぞれが持っている資源をついでに融通し合う、などの工夫を重ねれば、「時は金なり」というプレッシャーを一時的にでも解除できる空間が出現する。これは大いに人を元気づけるイドコロになる。明日の食料を心配するのは太古の時代ではいつものことだっただろうが、焚き火を囲んで食べものを分け合うことなどで、その時々にプレッシャーから解放される時間をつくっていたと思われる。そのような重力から解放される時間が正気を保つのに必要なのである。人間は頭がいいので、最悪の事態をシミュレートすることができるが、それが行きすぎると精神がやられる。家賃圧力はその不安圧力を促進するものである。近年、金融緩和で世の中にお金が溢れた結果、都市への人口集中の実体以上に不動産価格が上がってしまっているように見える。結果、まともな商売がやりにくいぐらいに高い家賃の物件が増えた。こうなると、ヒット・アンド・アウェイの商売しかできない。売り切ったら店じまいの携帯ショップや、謎の健康器具販売のデモンストレーション店舗、あるいは大企業のショールームだ。長く続けて地域の憩いの場所になるようなお店には不利である。

最近増えているマルシェは家賃圧力に対抗するという意味では有望だ。古い絵画に出てくるように、古来から市が立ち他人との交易をする場所は原初的なものである。地名でも四日市とか十日町とかは、文字通り市場が立っていた場所である。仮設の市が資本主義の進展と共に家賃を発生させる固定の建物に変わったが、行きすぎた資本主義のバランスを取るためにも今は仮設の市を見直す時期だと思う。マルシェのような市を立てることはものすごい可能性がある。家賃圧力が小さければ、拡大志向でがんばらなくても実質を追求した商いに注力しやすい。

私自身の「有志でつくるオープンな空間」の実践としては、渋谷からバスで15分ぐらいの住宅街にカマドつき土間があるシェアハウス兼ギャラリーを3年ほど運営したことがある（2007年3月〜2010年ごろ）。住宅としての家賃がイドコロの固定費を兼ねていたので負担少なく運営でき、自分で思いついたイベントを開催したり、誰かの企画に貸し出したり、様々な経験を積ませてもらった。やはり自分で場所を運営すると大変なこともあるが、何か思い立った企画をすぐに試行できる。これは、運営主になる良さである。その3年間は濃い時間だった。様々なゲストを呼んで専門分野の話を聞く会を開いたり、年中行事として餅つきを開いたりした。餅つきは、田舎に住んでいた子供の頃は、親戚の集まりや小学校の行事として身近であったが、一人暮らしを始めるとやる機会はほとんどない。やると楽しく、何人かで協力すればできないことはない。これは、イドコロでの企画に向いている。しかも餅つきを求めている人は多いらしく、そのときばかりは小さい民家に50人ぐらい集まって驚愕した。自分でつくることをテーマにして様々な会を開いていたから、3年間も日常的にイベントを開き続けられたのだと思う。3〜5人程度だと単に集まるだけでも楽しいが、10人以上で集まる場をつくるとなると、何か探求したいテーマのもとに人が集うことがイドコロでは大事な点だと思う。

やってみて分かった「有志でつくるオープンな空間」を運営する際のコツは、運営メンバーを2〜3人募ることと、自分が面白いと思える空間を見つけることである。地道に物件を探すにしても、張り紙を探したり、不動産屋で探したり、あらゆる手を使う。私の場合は、これまでに散歩中に見かけた張り紙で2件ほど物件を発掘した。散歩は楽しく、それだけでも十分だが、眼光を鋭くしていればたまに役にも立つ。また、やってみて実感したことは、ずっと運営しようと思わなくてもいい、ということだ。ある程度役目を全うしたら潔く解散するぐらいでもいい。これはお店との違いで、非営利スペースたる「有志でつくるオープンな空間」の特徴であろう。場所がなくなってもそこでつくられた人の関係や経験が別の形で生き残ればいい。有効期間が中ぐらいのものである。例えば古来の寺も、一つのイドコロと見なせるが、寺は半永久的に続くことを旨としている。しかし、現代ならいっそ期間限定の寺を考えると面白いかもしれない。3年間限定の寺を建立するとしたらどういうことをやるべきなのか、など、従来の前提条件を変える自由があるのが有志でつくる非営利スペースの面白い点だ。3年間ならそれなりの資源の投入で済ませるような工夫がいる。このような有志でつくるオープンな空間は、つくる立場ではなく、見つけ参加する立場であれば、検索してもなかなか出てこない。詳しそうな人から噂を聞きつけるのが一番である。詳しそうな人というのは一概にはいえないが、やはり個人書店などいわゆるカルチャーに関わるお店をやっている人などが詳しいことが多い。

文明から離れて一人になれる空間をつくる

イドコロの中でも変わり種、あえて一人になろうというこのタイプ。つくり方は、簡単である。一人になれる場所を探せばいい。どこかの宿に一人で泊まってひたすら本を読んで過ごせばそれも文明から離れてはいないが一人になることだし、ソロテントを入手してなんでもないところで野宿すればこれもまた一人になれる。知らない人しかいない銭湯に行くことも程度は弱いが一人になれる。首都に住むモンゴルの友人に聞いて感心したのは、彼らはストレスがたまったら、車で郊外を突き進んで誰もいない草原まで行き、車の上で寝そべって空を見てしばらく過ごすという。現代ならではの見事な技である。段取りしてキャンプに行くのとは別次元の身軽さで大自然と自分だけの世界をつくるのだ。個人的な経験で言えば、２００４年から毎年モンゴルの草原の電波も電気も通っていないエリアに行っているが、夜にゲル（移動式住居）の外に出るだけで一人になれる。これが自分の正気を保つのに相当効いていると感じる。日本国内だと、やはり登山は文明からの距離を取れてかつ一人になれる方法だろう（安全のため単身登山は山を選ぶこと）。もう一つは時間差を使うことである。人がいない時間帯や時期を見つけるだけでも、なんでもない場所が一人になれる場所になりえる。人と集まり会話することはイドコロの基本で活力と思考の調整に大事だが、時には一人になれる策を持つことも考えないといけない。

現代における生活を共同する集まりはイコール家族ではない

天然もの（に近い）自然系イドコロについてもつくり方を再考したい。まずは「生活を共同する集まり」について見ていこう。これまで見てきた、獲得系イドコロよりも効果が長期間持続する。反面、生活を共同する集まりに不和が生じると、精神衛生上のダメージは大きくなりがちであり、リスクも少し高めである。趣味の集まりの崩壊よりも家族のほうがダメージが大きいことは理解しやすいだろう。新興宗教は家族生活に問題を抱えた人を狙って勧誘を仕掛けることが多いが、これはダメージを受けて勧誘しやすい状態になっているからだ。自然系イドコロの効果は長期にわたるのでいいことも大きいが、予測しがたいリスクもある。だから、他のイドコロで自然系のイドコロを補完することが大事なのである。いずれにしても、リスクはありながらも人類の長い歴史で生活をともにする集団は必要とされてきた。

その形の一つであるシェアハウスが近年必要になってきたのは、前提として一人暮らしが常態化したからだ。ワンルームマンションは、近代化の産物であり、戦後から定期的に不動産投資の対象として荒稼ぎの対象になった。ブームのつど大儲けや、破綻する事業者を生み出してきたという歴史がある。ワンルームマンションは、家父長制から脱出するために必要なハードでもあったが、結果として生活を共同することなく、各自がイドコロを確保しなければならない状況を生み出したと言える。ジェンダー的な面でも問題が多いと言われる日本の家父長制だが、これ自体もまた根源的なものではない。大家族イコール抑圧的なわけではない。だが、権威的な家父長制と一体化していたので人を苦しめ脱出を試みる人が増えたのであろう。一方で、常態化した単身の生活様式は、以前よりもイドコロが一つ減ったようなものである。だから他で補う必要がある。もちろん人生の一時期にワンルームで一人暮らしをすることも決して悪いものではない。ところが、それが常態化すると当然問題が出てくる。孤独死や無縁社会という分かりやすいキーワードとは別に、日常的な不具合も多い。まず家電を一式揃えるコストの割高さ、家賃の割高さ、会話量の減少による若年性健忘症のリスクなどがある。そして、かつては自然発生的だった家族、同居人といった基礎的なイドコロの減少である。だいたいの人生が、全ての分野において絶好調なことなどはない。仕事が不調、健康が不調なときに生活圏の人間関係が不安をカバーしたり、客観的な知恵やサポートを与えてくれるから、なんとかやり過ごせるのである。そういうバックアップ要素の一角が失われる状態が一人暮らしの弱点である。これまで見てきたようなイドコロには強弱があるものの、それぞれが不調をカバーできる力を持つ。人によっては家族との相性が悪いとかで一人暮らしのほうが調子がいい人もいる。ただ、「生活を共同する集まり」の効用は確かにある。腹が痛すぎて動けないときに薬を代わりに買ってくることを頼めたり、場合によっては救急車を呼んでもらうこともできる。

これらの安心感は実際の助けよりも大きい。育児に関しても、部族社会の観察によると共同保育が親の精神的な安定につながっているという。現代社会では孤立する時間帯ができるのを避けるのは難しい。このような観点からしても常態化した一人暮らしや核家族は弱点が生じやすい。

これらに対する策は大きく2つある。他のイドコロでカバーする。もしくは、生活を共同する集まりを、血縁にかかわらずにつくることだ。新しい生活を共同する集まりはコミューン的な閉鎖性が高くないもののほうがいい。なんなら物理的に同じ居住空間を用意しなくてもよく、緊急連絡網を数人で持つとかでもよいだろう。

現在普及したシェアハウスのつくり方は、比較的簡単である。一つは、事業者が運営しているシェアハウスを探して入居する。中には不動産投資の営利ばかり優先したシェアハウス事業もあるので見極めが難しくなっているが、やはり建物の素材感が雑なものは運営者が住み心地に関心が低いので避けるべきである。

もう一つは、DIY度が高い作戦だ。自分でファミリーサイズの物件を見つけて、住みたい人を募ってつくってしまう。基本的に一人暮らしよりも、広くて設備が充実した物件を借りられ、お得になることが多い。

入居メンバーは、やはり口コミ、友人知人の紹介が確実だろう。友人のpha氏が提唱した「ギークハウス」という広い意味でのインターネットカルチャーが好きなギークが集まるシェアハウスだと、サイトを見るとギークハウスがリストになっており、各地のギークハウスが見つけられる。久しぶりにサイトを見たらパリにもできていた。サイト運営は全くの非営利なので、不動産屋ほど懇切丁寧に斡旋(あっせん)するものではないが、とっかかりとしては十分と言える。pha氏はコンセプトを提唱してやり方と現在のリストを公開したサイトを管理しているが、紹介料などはもらっていない。なんという篤志家だましい。一つの文化的なコンセプトに人が集まることで、余裕のあるイドコロが有志によってつくり出されたと言える。これがビジネス的なプラットフォームだと、拡大志向で掲載料を取るみたいな話になってしまい居心地の良さが損なわれやすい。逆に言えば少々の篤志があればイドコロを増やせる余地が世の中にはあるということだ。

個人がつくるシェアハウスの弱点は、メンバーが一人抜けるだけでも家賃負担が一気に増えるので、欠員補充をうまくやらないといけないところだ。その点でも、ギークハウスぐらいの共有インフラがあるのはいいことだ。欠員が出ても住みたい人の募集を呼びかけやすい。アメリカだとクレイグリストという巨大掲示板が普及していて、そこでシェアメイトを探したりもするようだが、日本の場合は、不用品をやり取りする専門掲示板ぐらいしか定着していない。オープンな巨大掲示板ではなく、口コミなどもう少し閉じた情報共有場所のほうが向いているという気がする。

「生活を共同する集まり」の選択肢として家族やシェアハウスのような家を共有する形をあげたが、これ以外にも選択肢はある。それは、短期間だけ生活を共同することである。これは取り入れやすい。短期的に生活を共同することを1年のうち1、2週間ぐらい取り入れるようにする。この短期の集まりは精神を回復させる場になると思う。私は、モンゴルで遊牧民の見習いとなって、遊牧技術を体得するためにゲルで1週間ほど合宿する「モンゴル武者修行」というワークショップを毎年行っている。かれこれ13年続いている企画である。やることは、ゲルに泊まりながら、主に馬術、料理、家畜の世話をする。他にもゲルを建てる、乳製品づくり、など世界最高のノマド技術の習得に励むものである。わずか1週間の生活を共同する期間なのだが、参加者同士がえらく仲良くなる。帰国後たびたび会う人もいれば、たまにしか会わない人もいるが、再会すれば緊張感なく話ができるような感覚があって、心の拠り所の一つになっている。シェアハウスなど日常を通して生活を共同することが難しければ、このような短期集中の生活共同の機会をつくることも有意義だと思う。この作戦の難点は、現代日本社会ではあまりに会社の休みが短いため、日程を合わせることが難しいところだ。ぜひ長期、といってもせいぜいまとめて1週間ぐらいの休みを自由に取得できるようになれば、イドコロをつくりやすい世の中になるだろう。モンゴル武者修行では、参加者でZINEをつくったり、モンゴルフェルト製品の開発をしたりと、参加後の活動が生まれている。さらに武者修行の別バージョンもできた。タイのアカ族に竹の家の建て方を習う、タイ武者修行という企画である。こちらも参加して帰国後に日本でバンブーハウスを建てる実験をやるチームができた。短期集中で何かに取り組むことは、普段とは違うチームワークが生まれ、先々長期的なプロジェクトを生むことがある。日常生活でどっぷり都会的なものに浸かっている人が多いと思うので、自然環境に身を置ける場所で集まるのがいい。毎年1年に一度、砂漠で1週間集まって野営しながら何かに取り組む、とかやれたら最高であろう。

「従来の家族」「新しい共同生活の形をつくる」「短期的に他人と合宿で過ごす」、この三つの方法が、今のところ考えられるイドコロとしての生活を共同する集まりをつくるやり方である。

友人の数は多ければ多いほどいいのか？　親しい友人とは

自然系のイドコロは、自ずと生じるものだけに、こうやったらいい、という話は難しい。その代わりに、こういう状態はいいのではないか、ぐらいのことを考えたい。さて、友人が心の拠り所になるというのは昔からよく言われる話だ。

くつろげて精神を回復させるような友人関係を保つには、限界の人数がある。その意味では友人は10人程度でも十分ではないだろうか。そして、それは、各種のイドコロを通して人と関わっていく中で自ずと形成されていくものなので、多ければ多いほどいいと考えなくてもよいと思う。確かなことは、友人は自分をマウンティングしてこないし、利用したり、コントロールしようとしてこないことである。そういう人から距離をとっていけば自ずと残った人間関係が一つの理想的な友人なのではないかと言える。利害関係のない中でも続いていく人間関係が親しい友人だと言えよう。これは正気を保つのに大事なイドコロである。付記すると、ばったり会ったら気兼ねなく会話できる顔なじみの人数はもっと多いだろうし、これはこれで大事である。

仕事仲間が正気を保つのに有用なケースは減っている

多くの人はなんらかの仕事をしている。完全に自分一人で完結する仕事もあるにはあるが、それにしても情報交換したり、他人との関わりは発生するものだ。したがって、これもまた仕事をしている中で仕事仲間ができて、それは自ずとイドコロになる。ただし、注意が必要なのは、現在の仕事はかつての生業（なりわい）と違って、ポジション争いの要素が強くなってしまっている。イドコロの条件たる、くつろげて元気が出るような時間をつくりにくい。まだ経済が右肩上がりの場合は、全員の取り分が増えるので仲良くしやすかったが、現在は限られた資源を取り合うような空気になってしまっているのでギスギスしやすい。モンゴルの遊牧民を見ていると、兄弟でも近所にゲルを建てて仲良く共同で遊牧をしていたりして驚くが、これは羊が増えるという外に向いた活動だからうまくいっている面もあるのだろう。水田など限られた資源を使う農業だと兄弟で揉めることが多いと感じる。したがって、定常、縮小経済下では拡大志向のビジネスの仕事仲間が正気を保つのに有用な状況は少ないのではないか。自営業のほうは文字通り助け合いながら事業を推進していくので、仕事上の人間関係がいいイドコロになる可能性が高く、実際に総務省の統計でも自営業者は助け合いをする傾向があるようだ。応用するならば、組織内でも問題意識を共有できる有志を見つけて自主的な勉強会を結成するなどするとイドコロになるかもしれない。もはや会社組織は忘年会で酒盛りするだけでは人を元気にするイドコロになることはできないだろう。

以上、自然系のイドコロ３つ、獲得系のイドコロを５つのイドコロのつくり方を見てきた。これらはイドコロのカテゴリーでもあるが、同時にイドコロにおける視点でもある。既存の集まりを見直すときは、これらの視点で見ていくと理解しやすいだろう。家族は「生活を共同する集まり」で見るのが基本ではあるが「強い趣味の集まり」であると見てみるとまた発見がある。特に血縁上の家族は神聖化されすぎているので、他のイドコロと捉えて見直してみると見通しが良くなることがある。家族は神聖化の結果、密室化しこじれ、様々な不具合が起きやすくなっていると感じる。また別の視点で「家族」を「公共空間」と見てみると、子供を過保護にしすぎたり、モンスターペアレンツ的態度に陥ることも回避できるのではなかろうか。できるだけ子供を家族外の人と関わらせる時間をつくり、公共的な時間を尊重することも必要と思う。

さて、ここまで考えてみて、当初イドコロは「精神を回復させる場」と想定していたが、「少しでも面白いことを見つけたい」「何かを探究したい」という意欲が前提になってできるものであると感じる。その前提で人が少人数でも集まれば、いい知恵と実践が生まれ、精神も回復するという流れなのではないかと思う。そういう場所は、少なくとも日本の現代社会では当たり前には存在していない。希少品になっている。しかし実際は「必需品」でもあると第2章の結びとして申し上げたい。元気を生み出すためにもイドコロをつくっていこう。

練習問題その3

みんなの特技をデータベースにして簡単にお互いが助け合えるようなプラットフォームがあったら便利だと思うんですがどうでしょう？

答え

便利すぎるプラットフォームはバグがないから、あまり楽しくならない。

自分の仕事、ナリワイをつくる活動をしていく中で、何か壁に当たったら、「あっ、あの人に相談しよう」ということで解決できることはたくさんあります。この話をすると、「みんな」のスキルをデータベースにして簡単に交換できるようにしよう、というアイデアが出るのですが、だいたい頓挫します。なんでかなーと思っていたのですが、データベースにしてすぐに見つけられるようになったら、見つけ出す面白さも見つけられた驚きも小さくなって、業務感が出るからだと思い至りました。データベースにすれば、いずれレビューシステムが導入され、星の数を稼ぐための緊張したやり取りになりますし、ライバルからの嫌がらせの悪口レビューも出てきます。もう少し偶然に任せて、人の助けに出会うほうが楽しいようです。

第3章　「イドコロ」の息吹（実践例）

この章では、より詳細なイドコロの実践例を見ていきたい。その前に、人には果たしてどれぐらいのイドコロが何個あればいいのだろうか。

少し昔を振り返ると、2000年代から10年代にかけて、「しがらみのある地縁血縁コミュニティは古い、趣味やボランティア活動などを起点にした新しいコミュニティをつくろう」という風潮があった。別の言い方ではゆるいつながりが大事だという話もなされた。これは一理あったが、振り返ってみると新しい系のものだけで人生を乗り切ることは難しいという点が見落とされていたと思う。「新しい」コミュニティは常にイベントを必要とするので、長期にわたってそこだけをイドコロにすると疲れるのである。さらに「新しいコミュニティが大事だ」論が曲解され、とにかく人脈を構築するべきとSNS上のリンクを無闇に増やすことにやっきになったり、逆にそれがないと何もできないという不要な思い込みを生み出してしまっている。「やりたいことがあるが、SNSのフォロワーが少ないのでできない、どうしたらいいか?」みたいなねじれた悩みも生まれている。リスト化されたメンバーがコミュニティという集団をつくり協力関係を持つという発想は、現実に合っていないのではないか。どうしても

「助け合わなければならない」「あいつは最近サボっている」などの負の圧力が発生する恐れがある。

先に述べたように、コミュニティと違ってイドコロは、人が行き交う「淀み」のようなもので、流動の中にある。家族のようなものでも、変化の小さい淀みであって、固定されているように見えるが100年単位で言えば流動の中にある。淀みのほうが万人にアクセスしやすい。大事なのは、くつろぎが生まれるような居心地のいい淀みを複数持ちながら、心身の健康を保つことである。ひとまずの結論として、自然系のイドコロ、獲得系のイドコロでだいたい5～10個ぐらいあれば十分なのではないかと私は考えている。

自然系のイドコロ（生活を共同する集まり、友人、仕事仲間）は、生活をしているとある程度は無意識的に形成される（戦略的に友人を選ぶのも気持ち悪いし、「理想の家族」などと完ぺきを目指すとしんどい。全部が揃っている必要もない）。自然系のイドコロは、良くしていくための一定の努力は可能だが、ある程度はボチボチで、なるようにしかならない面も多い。何しろ自然は意識でコントロールしにくいものだ。一方、獲得系のイドコロは、各人の工夫や行動次第で多種多様なものをつくることができる余地が大きく、環境の変化に対応するには獲得系のイドコロはとても重要である。一方で、自然系のイドコロがあってこそ獲得系のイドコロが機能するし、獲得系のイドコロがあってこそ、自然系のイドコロの調子を保つことができる。仕事と家族だけで他は無駄という閉鎖的な暮らし方だと、極端な例だが免疫暴走のような家庭内暴力のリスクもあるし、生活環境の変化や悪質なカルトの勧誘や重大なトラブルなどの強力な異物にさらされたときの防御力が弱くなってしまう。普段は遭遇しない類いのトラブルに対応するためには、逃げ場や普段は得られないつながりが必要で、それが獲得系のイドコロなのである。「家族を大事にしよう」ぐらいなら標語が教えてくれるが、それだけでも不足だし、「地縁血縁は古い」などの過剰な未来志向には人生の長さを想定していないなどの穴がある。結局のところ、新旧どちらも大事だ。それを理解するために、自然系イドコロと獲得系イドコロという分類を考えた次第である。2種類のイドコロが系として機能している、と理解すればやるべきことがはっきりする。イドコロを理解するための枠組みを本書では提示しつつ、この第3章ではイドコロの実践例からその実質についても考える。考える枠組みのため、自分でコントロールしやすい獲得系イドコロを以下の5つに（勝手に）分類している。それが「強い趣味の集まり」「公共空間の気に入った場所」「日頃通える小さいお店」「有志でつくるオープンな空間」「文明から離れて一人になれる空間」である。これらとあまりコントロールできない自然系のイドコロとの組み合わせで、いかに正気を失わずに社会の中で活動していくかを考えるのである。

あらためて整理する。まず自然系イドコロは以下の3種類に分類した。

自然系イドコロ（全部が揃っていなくてもよい）

- 生活を共同する集まり
- （親しい）友人
- 仕事仲間

これに組み合わせる獲得系イドコロの分類と対応する私個人の具体例をあげると次のようなものになる。

獲得系イドコロ

●強い趣味の集まり

・竹で家をつくる会（仮）
・モンゴル武者修行に参加した人の集まり
・たまに行われる床張り活動の場
・農作業の集まり
・特定のテーマで議論できる相手
・働く人のためのアートコレクションを学ぶ会

●公共空間の気に入った場所

・公園

・銭湯

●日頃通える小さいお店
・友人が営むジャークチキン屋
・老夫婦が営む定食屋
・フランス人のおじさんが一人で営む家庭料理の店

●有志でつくるオープンな空間
・「下馬土間の家」（2007〜2010年）
・「スタジオ4」（シェアアトリエ）
・「古今燕」（茶室的シェア別荘）
・「熊野の家」（山の家）
・「熊野マウンテンビルディング」（山の滞在拠点）

●文明から離れて一人になれる空間

・モンゴルの草原

・夜の公園

獲得系イドコロは、減ったり増えたりして流動性が高いので、そのつど新しいイドコロを開拓して新陳代謝させていくことになる。例えば、行きつけの銭湯などは、引っ越しすると変わってしまう。私の場合は引っ越し先を探す場合は、いい銭湯がありそうかを必ず確認している。私があげている中で、比較的珍しいものは「有志でつくるオープンな空間」だろう。個人が勝手に運営していて、知っている人なら誰でも行ける場所である。例えば私設図書館や、アーティストが運営するギャラリー兼イベントスペースとかも含まれる。まずこれについて実践例を解説したい。

生活共同体を兼ねたイベントスペース「下馬土間の家」
――都心でできるだけボロい家を直して使い倒す

「下馬土間の家」は、私が特に権限のない代表役をしながらも、４名で運営していた住居を兼ねたスペースである。当時はまだＤＩＹもシェアハウスも一般的ではなかった時期である。当時20代なかば、「何かやりたい、そのためには何かやりたい人が集まる場所が必要だ」と思い立った。そこで、家賃を負担できる有志を募ってスペースを運営したのである。何か新しいことをやるには、家賃が安くて自由度が高い物件がいい。できる限り古い物件を探し、築年数不明の激安物件を見つけたのである。物件を見つけ、急いで呼びかけた結果、この物件ならやってみよう！　となった４名をメンバーとしてスタートさせた。もちろんボロボロのままだと人が寄りつかないので、手をかけ居心地よくする（＝オシャレではない、のがポイント）必要がある。完成してから人を集めるのではなく、改修作業のたびに友人知人に呼びかけ、見よう見まねで天井をぶち抜き、壁を漆喰で塗り替え、床張りして修繕した。今だとコミュニティビルディングなど何か名前があるかもしれない。しかし、繰り返すがこれはコミュニティづくりではない。たまたま声が届いた人が楽しそうだから参加できるときに集まって、結果として居心地がいい空間が一時的に現れただけである。コミュニティだと思うと、誰かが修繕に来ないと「あいつサボっている」などとイライラすることになる。これが発展するといずれ村八分になってしまう。新しいコミュニティを目指す活動が往々にして、村八分や内ゲバ（内部抗争）を起こすのは、無理にコミュニティをつくろうとするからかもしれない。農作業など必然的な共同作業がない都会では、コミュニティは出現し得ない。だからと言って自分のことは自分だけでやる、という個人主義でもない。面白そうだから、ついでに、手が空いていたから、ということで壁塗りや床張りを手伝うことはあるし、しかも面白いことである。それが体感できたのがこの「下馬土間の家」で得られた経験である。自分が物件を修繕する際は他人に遠慮なく助けを求めてもいいし、自分も時間が空いていれば手伝うという感覚が身についた。「タダで（他人の家の）壁塗りなんてやってモノ好きですねー」と言った人もいたが、そういう世界観だと窮屈であろう。一方、コミュニティメンバー同士は助け合わなければならない、という感覚も窮屈で、逆に人に助けを求めにくくなる。

イドコロには様々な人が来訪するので、ちょっとした専門知識ならその場で相談することができたし、自分の持っている知識は無償で提供するような場所である。「下馬土間の家」は、激安物件にもかかわらず庭まであった。そんなわけでＤＩＹ作業のあとに庭でバーベキューができたのもいい点だった。特に都市は人が集まるとなると、何かにつけて場所にお金がかかることが多い。最近だと、都心にバーベキュー用のキャンプ場までもわざわざ整備されている（グランピングというらしい）。しかし、自分たちでスペースをつくったので何かにつけてローコストで集まることができた。思い立ったらすぐに炭火で何かを焼ける。渋谷からバスでわずか15分程度。奇跡の場所であった。余っている部屋もあったので、そこでイベントを企画したり、展示に貸し出したり、集まっていて終電を逃した人が泊まったりできた。集まる動機が多い家をつくると、イドコロになる。

そもそものきっかけをもう少し詳しく説明すると、こうである。そもそも4名はそれぞれ前述の3カ月間の社会人向けスクールに通っているメンバーであった。そこは、特に専門技術を学ぶ場ではなく、広くデザイン関連の現役で活動している人の話を聞く哲学講義みたいなものだった。会社員生活で疲労しきって死んでいた社会への問題意識や疑問を再び高められ、大いに刺激になった。ただ、短期のスクールにありがちなことだが、通っている間は気分も盛り上がるのだが、終了すると日常に戻ってしまうことが多い。なんとか継続的な変化のきっかけをつくりたいと思ったが、特に同じ組織に所属しない人たちが共同プロジェクトを実行するのはハードルが高い。会社の仕事ではないので強制力がなく、自然消滅しやすい。そうすると、手っ取り早いので飲み会だけが増えていく傾向にある。これが漫然と続くと、アクションを起こすことなく消滅する。何でもかんでも行動主義でもないが、小さく実験する場はほしい。実験が難しい宇宙物理学の理論家でも、紙やらPCやら理論をアウトプットする場は持っている。そう、紙に書くのでもいい。ともあれ、挑戦的なスクールだったので、何かやりたいという人は集まっている。そこで一計を案じたのが、前述のボロ家改装シェアスペースづくりだったのである。誰でも参加できて、やっただけ全員が得をする企画をつくれば、何かが動くだろうと思ったわけである。

当時、私自身一人暮らしでアパートに安くもない家賃を払っていたので、その家賃をめちゃくちゃボロい家の家賃に置き換えて、余った資金で改装すれば、ノーリスクである。また、その通っていたスクールには飲食関連のコースがあったので、広いスペースがあれば、惰性で飲み会をするより試作的な食事会をしたほうが有意義であろうという目論見も立てた。まちづくりの活動では、人が集まるには場所が必要、ならば建物を用意すればいい、となりやすい。かくして、あまり使われない交流スペースができがちだ。そうではなく、ハードの整備と同時に、様々な使い方を手札として用意しておくことで、場所は機能する。家の改装のいいところは、段取りの準備は必要だが、作業自体は誰でも何かしら参加できるという点である。漆喰の壁塗りも、達人のようにコテで真っ平らな塗りはできなくてもゴム手袋をはめて手で塗ることもできる。さいわい建築材料は個人でも買えるようになっているから、人件費を自分の手で賄えるなら、いい素材を選んでもそこまで総費用は多くならない。仕事ではないからこそ、時間をかけて好きな素材を使うチャンスである。古来の茶室なども、好きに凝った建物を建てるための方便として素晴らしいものだと思う。空き家の改装ではなくて小さい小屋を皆で建てるのもいい作戦で、山梨県清里にある家具職人の村・オークビレッジも設立のきっかけは趣味の小屋づくりだという。

下馬土間の家は、暇なときはひたすら街の不動産屋さんのサイトを眺め、屋上が広い物件や元社員寮を探した。最終的にとある不動産屋で、手書き図面の異彩を放つ物件が現れたのだ。安い、そして築年不詳。不動産屋さんも「変わった物件ですね……」と驚いていた。実際に見に行くと、当時平成の時代に都内で土間付き。年季も相当なもので、漆喰壁が剥がれ、天井板も外れていた。こんなボロ屋が東京の不動産仲介システムで紹介されているのが不思議なほどだった。だが、どこの駅からも徒歩15分程度かかるのが幸いして、相場の半額近い安い賃料だったのである。こういう物件に出会ったらやるしかない。山みたいなもんである。

次は、誰がどれだけ負担して何人で運営するか、ということになる。まずは自分が住む決断をして、あと3人ぐらい集まればひとまず運営できそうだという試算のもとに、何人かに呼びかけた。物件をシェアする難しさは、全員が内見しないと決断しにくいことである。不動産は早い者勝ちなので内見にかけるタイムラグを小さくするのは勝負どころだ。結果として、建て替えで一時居住する人に先を越されたものの、数カ月後にまた空くと聞いたので、空いたら借りるという意思を伝えながら不動産屋に何回か通って催促をする日々を送り、晴れて借りられることになった。借りるのはいいが、借りてから改修しないといけない。たまに改装期間1カ月は家賃をおまけしてくれる大家さんもいるが、そうでないときは時間との戦いである。このときは、私自身は会社をやめて単発のアルバイトと駆け出しライターをしている半無職状態であった。家賃の重複を最小限にするため、改装も完了しないうちに引っ越してしまった。一階を改装している間は二階に寝て、二階を改装している間は一階で眠る。屋内引っ越しに次ぐ引っ越しをしながら改装をした。こうして、なんとか住める状態にもっていくことができたのである。

もし機会があれば、家を自らの手で修繕する体験はぜひやってもらいたい。自分の手で直接生活の質を変えることができる。この経験は、人生に対する自信になる。実際に壁や床がいい素材だとくつろぎ度が変わる。イドコロをつくる際に重要だ。よく考えてみたらそれまでの人生で過ごした家の床の素材は、木目をプリントした合板、カーペット、クッションフロアで、一番いい素材は畳ぐらいである。壁もビニールクロスがほとんどだった。実際賃貸住宅だとそれぐらいしか選択肢がない。それに対して、下手でも漆喰壁にして無垢板で床を張れれば別次元の居心地になる。他にも思いついたアイデアはすぐ実行した。元があまりにボロかったので改装は自由だった。天井が高いとなんかいいぞ、と勢いで古い日本家屋の天井をぶち抜いた。天井板を剥がしてみると一階からは二階の床が見えるようになり、平屋部分と二階の天井は高さが1・5倍ぐらいになった。とんでもない開放感である。これは、今までの住まいで経験したことがないものだった。ただ、古い家だったので、たまったホコリを浴びてしまい数日間全身にアレルギー性の炎症を起こした。もし、自力で天井板を剥がす際は、何も考えずにぶち壊さず、ゆっくり板を外すようにして、ホコリに気をつけてほしい。あとで内装の仕事をしている友人に聞いたら、「あー天井剥がし、職人さんも嫌がるんですよね」と言っていた。古い家の天井裏はネズミの巣窟になっていることもあるので、注意が必要だ。屋根を見えるようにすると、天井より上の壁は土壁のままであることが多い。当時はある茶道漫画にえらく感化されていた時期だったので、壁を渋くしたいと仲間で盛り上がり、墨汁で黒くした土に石灰と藁を混ぜて練って塗り土壁に仕上げた。漆喰と違って土は塗りやすく、土の凄さを体感した。何しろ古い土壁も練り直せば何回でも使えるのである。

ただ、当時の知識と技術と予算だと屋根の断熱に手が回らず、せいぜいトタン屋根を白く塗るぐらいしかできなかった。錆びて茶色になっていたので、白く塗って少し日光を反射するようにしたのでわずかにマシになったが、二階の真夏の昼間の猛暑ぶりは厳しいものがあった。とはいえ夏の昼間は一階で過ごせばしのげたし、夜は涼しく梁に引っ掛けたハンモックで安眠でき、むしろ春秋は風通しも良く心地いい空間であった。特筆すべきは土間の存在である。土間があるならせっかくなのでカマドをつくろうや、という話になった。もちろん、カマドなんてつくったことはなかったが、でかいホームセンターに行ってみるとガスボンベ缶でできた簡易カマドがあった。これをベースにしたらいいではないか、とガスボンベ缶を芯にレンガと土で覆って丸い形をつくり、漆喰を塗って白いカマドをつくったのである。「にほん昔ばなし」に出てきそうな、白くて丸っこいカマドである。さすがに都内でカマドのあるイベントスペースは当時はなかっただろう。

そこから、家の名前は地名をつけて「下馬土間の家」となった。家に遊びに来る人は渋谷駅のバス停からやってくる。大都会からバスに乗って気がついたら田舎の草庵にたどり着く、といった趣である。カマドは来客にも喜んでもらえて大いに活躍した。米を羽釜で炊けるようになったので、20人程度が集まっても十分な量の米を炊ける機能を備えることができた。カマドなんて懐かしいだけではとも思っていたが、個人が持っている炊飯器だとせいぜい5合しか炊けない。羽釜ならけっこうな量がいっぺんに炊ける。災害時はカマドが活躍する様子を報道で見るが、納得である。そして羽釜で炊いた米はうまい。内装のＤＩＹの良いところは、構造をいじるのではないから初心者でもチャレンジしやすいところである。人の精神エネルギーは小さな実験を通して、失敗と成功を繰り返せるところから生まれるのではないかと思う。

場所の使い方もいろいろ試してみて、土間とつながっている8畳間をイベントスペースとして運営し、残りの部屋で2名が住むという使い方が定着した。漆喰で壁を塗ったり、床を張ったり、キッチンをゼロからつくり直したり、天井を染料で染めたりと、あらゆることをやった。不思議なことにいろんな知り合いが手伝いに来てくれて、毎週末はとにかく作業をして過ごす3カ月間だったように思う。振り返ってみると良かったことは、共同で作業をしたことで人への信頼感が醸成されたことだ。同じく誰かの家が改装されると聞けば手伝う習慣ができた。「何かあったら、誰かにできる範囲で手伝ってもらえる」という感覚は人生に対する安心感になる。やはり、何でもかんでも自分でなんとかしないといけないと思うと、不安が絶えない。自己責任論が強い世相ではなおさらである。しかし、そんな中でも他人と自然に協力して何かの作業を一緒にできる機会をつくると、他人への信頼感や安心感が醸成される。こういったイドコロをつくる過程の効用も、イドコロ自体の効用と同じぐらい大きい。

いつだったか、テレビ討論番組に呼ばれて出演したことがあった。そこで「不安定な世の中での不安を減らすには他人をサポートすること」と意見を申し上げた。司会者に「それは恩を売るってことですか?」と質問された。そのときは「そういう世界観で暮らしたほうが安心感がある」とざっくりと答えたのだが、整理すると、個別に恩を売ってその人に困ったときに助けてもらおうという話ではなく、自己責任論の中で失われた「誰かが助けてくれる」という世界観を再構築する行為だ。タンザニア商人のフィールドワーク研究についてまとめた書籍『チョンキンマンションのボスは知っている――アングラ経済の人類学』（小川さやか著・春秋社）によると移動の多いタンザニア商人にも誰かがついでに助けてくれるし、自分もついでに人を助けるという「開かれた互酬」が共有されているという。日本に限らず、世界の多くは戦争を体験し、特に敗戦国の混乱期における人間不信は相当なものだったと想像される。しかし、家族以外は信用するな、になってしまっては窮屈で暮らしにくい。だからこそ、今は、困ったら誰かが助けてくれるし自分も助けるが、個別に恩返しを求めないぐらいの感覚を取り戻す必要がある。

これは簡単そうで難しい。現実にはなんやかんや人を騙したり利用しようとする人はいる。それ見たことか、という不安がもたげる。これを乗り越えて、人間への信頼感を育てつつ、危ない人には近寄りすぎないという正常な免疫反応も両立させないといけない。ただのいい人では、モンスターに狩られる。しかし、自分の精神の平穏のためにも人に親切にすることも忘れてはいけない。ちなみに知人の中には、あれこれ紹介してくれなど頼み事をしてくるが、その後の報告もなくノーリターンの人もいる。こういう人も無下にしない。そんなもんだと思って「ついで」や「暇なら」といった頑張らない範囲で応じる。個別の等価交換に固執するより、そのほうが精神的に健康でいい。

「下馬土間の家」はこのようなことを学んだ場所づくりだった。日本家屋の雰囲気が功を奏したか、作品展示に貸し出しても、ギャラリーなどと比べびっくりするほど来訪者の滞在時間が長かった。いる人のくつろぎが得られるという意味でイドコロとして機能したと思う。

ただ、前述のように一部とはいえ自宅を、しかも共同運営でイベントスペースとして運営するのはけっこう疲れる。時間が経てばメンバーの意識のズレも起きる。3年ぐらい勢いよく毎月のように人が集まる小さな企画を開催しまくった。メンバーが転勤で脱退したりして、運営方針を変えるときに合意を取るのが難しくなり、紆余曲折の結果、代表者だった自分が運営から脱退した。反省点としては、やめる判断の仕方である。何があったらスパッとやめる、などという基準を持っておくことだろう。人生初のＤＩＹ改修だったこともあり、場所に執着してしまい、やめるのにかなりのエネルギーが必要であった。他の人のケースを見聞きしていても自宅を開放するタイプの場所はだいたい2~3年で活動が鎮静化する。やってみて理解できたことである。運営の最中は、シェアスペースはどんどん拡張していくと思ったりしていたが、もともと自宅を兼ねたスペースは3年間ぐらいで一区切りと思っておいたほうがいいのかもしれない。しかし、人生のある時期にやる価値はある。

自主運営の仕事場「スタジオ４」――仕事場は自分でつくる

ある意味で生活と一体化しすぎたイドコロであった「下馬土間の家」。3年間運営したあと脱退してからはイドコロづくりは小休止していた。「スタジオ４」は、生活との距離を取ったイドコロである。基本は仕事場を共有するシェアアトリエである。２０１０年ごろから増え始めたコワーキングスペースは、利用料などで利益を上げるビジネスであり、「WeWork」のように株式上場する事例も出てきた。それらとは違って

「スタジオ4」は第一には利用者が運営者でもあるという自主運営の場所である。無理やり利用者を詰め込んで利益を最大化しようとしなくてもよく、場所の使い方としてはゆとりをとりやすい。固定デスクの事務所部屋（通称ライチョウ部屋）に加えて簡単に動かせるテーブルだけのフリーアドレスの部屋（通称ツバメ部屋）をまるごと保持している。ツバメ部屋はその時々に応じて部屋の使い方を変えられる。一度、小屋をつくる木工作業場として使われたことさえある。このような余白はイドコロに必要な条件である。後述する公園などは都市の余白そのものだと言えるが、個人がつくるスペースにもそのような余白があればイドコロになりやすい。ちなみにこの物件も「下馬土間の家」と同じく賃料が安い。散歩していてたまたま見かけた入居者募集の張り紙を見つけて電話してみたら、古い代わりにとんでもなく安かったのである。何か物件を探していたわけではない。お得な物件情報を探して気になる物件の張り紙を見つけては電話して賃貸条件を聞く私の趣味の中で発掘された。この物件を何も考えず知り合いしか見ていないTwitterに流してみた。すると友人から即座に連絡があった。ちょうど東日本大震災で入居していたビルが壊れて仕事場の退去を余儀なくされていたらしい。何事もやってみるもんである。私自身は借りる気はないがせっかくなので一緒に内見することになった。見てみたら予想以上に広く、その友人一人では使いきれないという話になり、結局内見した勢いで近所に住んでいた友人らで借りることになったのである。魅力ある物件は、人が協働するきっかけをつくる。ここでも余白をつくるために初期コストを抑えた。もともと物置になっていたので壁は汚れていたが、自分たちで壁を白く塗ったり、本棚や机を自作し、コピー機も最初は古いものを友人からもらうなどしてやりくりした。

不思議なことだが不動産屋の説明だと、個人だととんでもなく高い年収じゃないと借りられないが、法人ならよい、とのことだった。それでは、とオフィスを借りる専用の法人をつくった。ここで大事なのは、一定期間経つと契約が終わってしまう定期借家ではなく、借りる意思がある限り借り続けられる通常の賃貸契約だったことである。「下馬土間の家」は定期借家契約だったので、いつ追い出されるか分からない中で改修しないといけなかった。改修にエネルギーを投入しすぎると元が取れないので不安が多いが、通常の賃貸契約なら、計画が立てられる。田舎では口約束で空き家を借りられたりするが、頑張って改修が終わったあたりで、蘇った物件を見て気が変わった持ち主が突然退去を求めてくることがある。口約束で済ませず書面で契約をしておくのが大事である。

さて、シェアオフィスは基本的にメンバーが淡々と仕事をする場なので、特に頻繁に何か交流イベントなどをしているわけではない。新メンバーが来たら、自己紹介プレゼンをしたり、フリマをやったり、せいぜい年に1回大掃除と忘年会をするぐらいである。結果として9年続いているので、そのぐらいがちょうどいいのではないかと思う。直接的なアクションがなくても他人と空間を共有するのは得られることが多い。若干の世間話でもかなりの精神的な回復になる。これはバカにできない。デザイン、設計関係でよくあるが社長とアシスタント1〜2名ぐらいの組織が個室で仕事をすると、代表がよほどの人格者でないと風通しが悪くなりやすい。だが、複数の小さいチームや個人が空間を共有して働くだけでもだいぶ風通しは良くなると思う。

もちろん、仕事上で道具を共有したり、プロジェクトが合えば協力したりなどの実利もある。個人的にいいと思っているのは、自分が知らない分野ではどういうことが起きているかの雰囲気が分かるところである。ルールは少なく、壁に試作品を貼ったりなども自由にできるようになっている。維持管理は3名でやっていて、全員利用者でもある。3名で、時々仕事の配分が偏ることがあるので、お互いに適宜文句を言えて、調整できるようにしておかなければならない。今のところ、このような仕事のためのシェアスペースはフリーランスや自営業の人が集まる場所だ。しかし、会社に所属する人もこのような場所で自分の仕事をできるようになれば、その人にとってイドコロとして機能するのではないかと思う。くしくも新型コロナウイルスの影響で、在宅勤務が増え、リモートワーク体制を継続することが検討されている。会社へはたまに会議に行き、通常業務は自宅の徒歩圏内で社内社外にかかわらずに他人と空間を共有して集まれるスペースを持つのはいいことだろう。Amazonなどの巨大企業も、フリーのワークスペースを開放しているが、企業としても、イドコロのようなものをつくりたいという狙いがあるのかもしれない。ただ、企業によるものと自主運営の身の丈のスペースが決定的に違うのは、使う人が主体であることだ。各地に自然発生的にできうるし、広く文化的共有資源になりうるので、公民館のように地域に標準装備されるようになるといいと思う。

　このほか、シェア別荘の「古今燕」、田舎のシェアハウス「熊野の家」、店舗機能付きの短期滞在拠点「熊野マウンテンビルディング」などをつくった。それぞれ自力で改装する際には、たまたま時間のあった友人知人に協力してもらった。増えすぎると使いきれないので、それぞれ他人に運営を任せたり、どこかで一区切りして活用方法を変えたり解散したりしている。

イドコロの歴史から若衆宿と「下馬土間の家」を考える

「下馬土間の家」は、生活共同体と身近な友人の集まる場が拡張したものと言える。これは、かつて農山漁村に存在した村の若者が集まる若衆宿の現代版と見ることができるかもしれない。若衆宿は、ある年齢の若者が集まる家であるが、全国各地だけではなく東南アジアや太平洋の島々にもあったらしく、私も名残の建物を紀伊半島の古座川町で見たことがある。今でも三重県鳥羽市の漁業が盛んな答志島（とうしじま）には寝屋（ねや）という名前で残っているという。もともと漁師町で、集団で協力しないとできない漁法があることなどが現在まで若衆宿が残った要因と言われている。答志島での仕組みは、15歳以上の男子5人ぐらいが自分の家ではなく、寝屋親の家の部屋を借りて共同で寝泊まりする。夕食などは各家庭で食べるが、寝屋で集まって寝る。朝には自分たちの家に帰る。子供は寝屋子と呼ばれ、寝屋子制度として無形文化財に指定されている。寝屋子の誰かが結婚すると解散する。共同生活はだいたい10年ぐらい続くが、寝屋親は、実の親より歳下の既婚者が選ばれる。寝屋親には親にはしにくい相談事もできるし、何か悪いことをすれば叱られる。昔は中学校を出るとそのまま漁師見習いになったので、毎日寝屋に集まっていたという。現在は、島外の高校に進学することも増え、毎日ではなく週1、2日集まるぐらいになっているそうだ。それでも、2千人の島で10戸の寝屋が続いている。

寝屋子は、実の親以外に親のような存在を持てるとても貴重な仕組みだと思う。家族のあり方について自分の家族以外のサンプルを見られるのは大きい。1が2になるだけで比較することができ、客観性が生まれる。結婚の相談は実の親より先に、寝屋親に相談されることもしばしばあり、結婚式の仲人も寝屋親が務める。寝泊まりする仲間は朋輩（ほうばい）と呼ばれ、強い結束が生まれるそうである。パッと聞いただけだと、昭和的な上下関係の厳しい体育会を想像するかもしれない。実際、歴史小説家の司馬遼太郎は若衆宿のそういう村八分的な掟の残る厳しい側面を小説で描いているそうだ。確かに注意が必要な点である。

その中でも、日本では答志島で寝屋子制が残ったのは、水の平等配分が厳しい制約になる水田稲作農業と違って、漁業は協力すれば全体の収穫が大きくなる性質も外向きでよかったのかもしれない。また他のエリアと違って、独自の建物を建てるのではなく寝屋親の家の一部屋を間借りするというのも続いた要因かもしれない。具体的に協力できる事柄が多い環境で15歳から過ごしていれば、仲良くやっていきやすい環境だろうと想像する。武士道や部活みたいな規律はない、ただ集まっておしゃべりしたり同じ部屋で寝るだけである。

寝屋子制度は長く続いただけにいいことが多そうである。まず、親を複数持てることで安定性が高まる（昔の漁業は危険度が高かったため、後見人的なバックアップの意味もあったかもしれない)。いずれ協力して働くことになる子供たちが時間をかけて暮らし方や喧嘩を収めるトレーニングができる。家に兄弟が少なくても、同年代の親しい間柄がつくれる。また、島の中では、一人暮らし用の物件もつくりにくいだろうから、成長の過程で親離れを物理的にできるという意味でもよかったのかもしれない。

下馬土間の家は、当時は珍しいイベントもやっているシェアハウスだったので、たまに興味を持った年上の方が取材に来たが、しばしば「楽しそうですが、皆さん独身だからできるんでしょう?」と聞かれた。こういうものはやっている身としては、終わることを考えてやってはいない。しかし、振り返ってみるとこれも若衆宿の一形態だったと思えば、永続的に続く必要はない。逆に人生の一定期間にはやれるならやっておくといいものだと思う。良かった点は、何かの目的を持った集まりではなかったことだろう。何か明確な目的がある集団は、プレッシャーがある。何かの政治運動や企業活動には、実現しなければならない目的がある。社会を変えなければならない、売上を上げなければならない、勝たなければならない、色々ある。そういう目的達成主義の中で、その世界から出られないという条件が揃うと、いじめや内紛が起きやすい。

社会改革を訴える名声のある福祉法人や若者の政治団体でも、立場の上下を利用してハラスメント行為が温存されるケースがある。目的がなければそもそも利害関係も生じない。そういう集まりは、生産性がないと無駄扱いされるが、正気を保つには欠かせないものだと思う。今は、利害関係がない人の集まりが少なすぎてゆとりがない。

余談だが、答志島では、島の小中学校に島外からの留学を募集していて、親子で居住する留学だけでなく、なんと子供だけで寝屋親と住んで通う留学枠もある。

「有志でつくるオープンな空間」のための覚書

例としてあげた「下馬土間の家」などのような、他人と空間を共有するイドコロを個人でつくる際の実践的なコツを覚書としてまとめると以下のようになる。

- 物件探しは半年ぐらいはかかる、日常的に探そう
- 固定費が低ければ広場をつくる余裕が生まれる

・余裕のためには「これは……」というボロい物件も選択肢に入れて探す
・改装はできるところは自分たちでやる
・自宅開放系イドコロの寿命はだいたい3年ぐらい
・仕事場のイドコロは長く続く
・「餅つき」などどんな人でも参加したくなるイベントは場を「開く」ときに使う
・マニアすぎて一般的に開催されにくい内容のイベントは場を「閉じる」ときに使う
・開きすぎても疲れるし、閉じすぎると浮世離れしすぎるので加減が大事
・物件の賃貸契約の長さによって投入エネルギーを調節する

以上、私がやってみて得たコツである。これらはたたき台である。さらにチャレンジしたことを共有知として蓄積していければ、よりイドコロをつくりやすい世の中になると思う。それぞれのコツはできるかぎりタダで共有して、身の回りにイドコロが増えることで恩恵を受けるという循環にしたい。

ところで、ワンルームマンションが登場した1970年代後半から今や40年ぐらい

経った。大家族からいきなり単身生活に移行したわけで、他人と丁度いい落とし所で協力する練習の機会を失ったとも言える。イドコロをつくることは、その空白を取り戻すための練習とも言える。私自身は、シェアハウスをごく普通の選択肢として捉えてやっていたが、主に年長者から「なぜそんな不自由なことをわざわざやるのか理解できない」とよく言われた。他人と関わる空間づくりの文化的な素地が弱くなっていると思う。

自然系のイドコロ「生活共同体＝家族」だけで乗り切ろうとしない

生活共同体、家族についても同様に素地をつくり直す時期だろう。昭和後半に確立した核家族は、もともと集団で子育てしていた現生人類の習性には合っていないように思われる。日本においてこれがある時期に成立したのは、右肩上がりの一時的な経済情勢と女性に過大な負担を押しつけることで乗り切っただけである。令和に入った現代で、ひずみが激しくなっているのは当然のことに思える。ＳＮＳにはワンオペ育児のつらさが溢れている。もちろん、核家族化が進んだときからワンオペ育児の苦労は存在したはずだ。しかし、発信する場もなかったし、当時の常識では、女性が子育てに専念するのは当たり前とされすぎていて異常さが認識されにくかった面もあるのかもしれない。現代のきつさは、時代状況が変わってきているのに、核家族時代に強化された一親等以内の血縁関係者だけで生活を完結させないといけないという思い込みは温存されていることだ。人口減少局面の低成長・定常状態の経済環境下に、昭和と同じことをしようとしているわけで、これは実現性が低い。他人とも連携する家族の運営方法、つまり人間が集団で協力して生活を送ることはマニュアル化しきれない術の集積だ。先に出てきた寝屋子制度のように生活の中で身近な実例を観察して学んでいくところが大であろう。私の世代（１９８０年前後生まれ）は、まさに核家族で育っている。しかし、現代は核家族作戦をそのまま採用できない。今、子育てをする人は自分の親を観察した体験が活かしにくいのである。かといって、一昔前の親子孫の二世帯住宅暮らしに戻れというのもまた汎用性がない。現代に当てはまる生活共同体の運営を考えねばならない。

また、日本において考慮しないといけないのは、戦争が終わってから75年しか経っていないということである。ある特殊な状況に置かれた世代ができると、その下の世代や孫の世代にまで影響が及ぶ。影響が地理的にも広く、時間的にも世代を超えて長く続く。私の場合（1979年生）は、親が戦後生まれの団塊の世代、その親つまり祖父母は戦争体験世代である。激しい戦争体験が当人の精神性に与えた影響は薄まりながらも次の世代に伝播する。孫に当たる自分も戦争の影響から逃れられてはいないだろう。これに関して、社会学者の小倉千加子氏が著作『結婚の条件』（朝日文庫）で興味深い指摘をしていた。それは、戦中、終戦の混乱で「頼れるのは身内だけ」という観念が浸透した結果、他人が信頼できるという考えが育たず、未婚が進行した、という仮説である。確かに、激しい戦闘地域に派遣され、非人間的な扱いを受けたりした経験が他人への信頼感を損なうのは容易に想像できる。もちろんこれは仮説だ。ただ、私自身の身の周りでも思い当たる節がある。この仮説の是非はともかく、長い目で見て、人への信頼感を育てていく作戦を考えていくことが大事と思う。

現代の生活共同体、一般的には「家族」と呼ばれるものの運営については、これまで述べたように少なくとも血縁関係以外の協力関係、つまり獲得系のイドコロと連携させることが重要だ。一つには、大家族ではない以上、血縁外の協力者がいないと手が足りないからである。もう一つには、血縁を至上とすると、他人への信頼感や共感が後回しになる。わが子が良ければあとはどうでもいいという思考に陥ると、実に窮屈である。公共心も育ちにくい。

生活共同体の運営で、よく話題になる家事分担の問題では、苦手な家事をやるぐらいなら、そこを外注して稼ぐ仕事に時間を割いたほうが生産性が上がる、という意見がある。もちろん家事を完璧に自前でやらなければならない、というのも良妻賢母型思想の呪いだから、どこかの部分を外部サービスに委託するのは必要でもある。だが、全く家事行為をしなくなった生活の拠点とは何になるのか？　ということも考えなければならない。様々に発展した家事外注サービスをフル活用して、経済活動に注力して生産性を上げることこそが最上、という考え方は、一見先端っぽく見えるが、実はライフハックに毒された平成と昭和のゾンビである。かつて専業主婦に押しつけて終わらせていたものを、単に現金で別に雇用しただけで、根本解決になっていない。実際に、家電製品が登場したにもかかわらず女性の家事労働負担はそれほど減らなかったという指摘がある（『お母さんは忙しくなるばかり――家事労働とテクノロジーの社会史』（ルース・シュウォーツ・コーワン著・法政大学出版局））。私の観察範囲でも、外注サービスのないモンゴルの遊牧エリアのほうが、男性も子供もそれぞれができる家事をしていて負荷が分散されているように見える。テクノロジーが発達しただけで家事負担は平等にならない。だから、家電の導入や家事の外注だけで問題は解決しないし、100％家事を外注する暮らしというのは昔でいうところの使用人に全てを任せる作戦になる。個人的には、家事を100％機械化もしくは外注した場合、達成感を得られる行為がその分だけ失われるので、精神の健康を保つのには不利になると思う。地味だが、洗濯物を晴天の日に干してパキッと乾いたときのささやかな達成感は侮れない。忙しいときには外注し、できるときは自分でやるぐらいがちょうどいいと思う。

最近報告された社会学の研究では、家事をする男性ほど、ジェンダー的な差別意識が強い、という意外な結果が出た。普通に考えると家事に協力的なほど平等なジェンダー観を持っていそうである。しかし、この結果を解釈するに、少々家事をやることで、仕事の面でも家庭の面でも立派に思われたいという欲が存在するのではと感じられる（そもそも協力的という表現自体が勘違いである）。家事問題ではしばしば男性の意識改革の遅れが糾弾される。だが、むしろこれらを鑑みると意識の高低などではなく、根本的に人権意識の問題なのではないかと思う。人権意識というと堅苦しいと感じるなら、人はそれぞれ対等である、という倫理観でもよい。

このように生活共同体＝家族をとりまく現状はねじれている。現段階では何か先進的なモデルを見つけてそれに倣うということで解決できるものでもない。基本的な路線としては生活共同体は大事にしつつ、血縁だけにこだわらずに、他者と協力できる場面を、各自が様々な形でつくっていくのだ、と前提を改めることがスタートなのではないかと思う。

その中でこれから様々な形が試される時期になる。子育て中のひとり親同士のシェアハウスもありえるだろうし、普段は離れて暮らすが家族認定しあって定期的に集合する人の集まりを家族と考えることもできる。寝屋子制度にも近いが、実の親とは別の後見人を決めるという古来のキリスト教のしきたり（ゴッドファーザー）を現代化することもありえる。また、モンゴルなどのように子供の面倒を祖父母世代や親戚が一時的に担当するパターンなど、広く見渡せば可能性の幅はかなりある。

住処もそれぞれに見合ったものを検討したほうがいい。私の工夫例だと、小さいマンションの中で隣接する物件を二戸借りて複数人で住んだ経験がある。近くに住みながらも、個人のスペースと時間も確保できてよかった。一時期何かとシェアハウスが取り上げられたが、他人と住むことに対して拒否反応も多かった。シェアハウスというと家事も含めた共同生活という濃いものを想像する人も多いが、単に隣の物件に住むだけなどの各自がちょうどいい加減を探ることができるはずである。

自然系イドコロとしての友人と獲得系イドコロで生じる友人

イドコロをつくる、と言った以上、友人について考えないわけにはいかない。人類の長い歴史で最も語られた人間関係の一つだろう。老後の安心には茶飲み友達が大事なのは、公園を散歩していても喫茶店やカフェを見ても分かる。最近は全く行かないので感覚を忘れてしまったが、業界の交流会のようなものに何回か行ったことがある。しかし、そこで会った人で今も思い出せる人は1、2人ぐらいしかいない。たぶん何百人ぐらいの人には遭遇しているはずだが、そんなもんである。特別な用もなく会えるような自然系のイドコロとしての友人は、10人もいれば上出来である。逆に10人と思えば落ち着いて関係を保てる。とはいえ、これまで考えてきたように様々なイドコロがあれば、顔見知りはもっといてもいいはずである。日本語では友人という言葉はかなり大雑把であるが、獲得系イドコロのような様々な場で出会ったり何かを一緒に行うような友人は、10人以上になるだろう。それらの友人もまた大事である。ただ、何かのきっかけがあれば交流するぐらいの流動性の高いもので、ガムシャラに増やすものではない。小さい仕事であったり、活動を通して関係が結果的に維持されるものである。私は、個人的な自給の延長にある仕事をナリワイと呼んで実践しているが、これは顔なじみの知人と交流をつくるための媒体でもある。こういう媒体なしでも交流が維持できるのが自然系イドコロの友人で、その数は10名程度と考えると分かりやすいと思う。顔なじみの友人の限界数でよく知られているのが、進化生物学者のロビン・

ダンバーが1993年に提唱したダンバー数の150人だ。これを応用して、150人分の社屋を複数つくる企業もある。彼の理論では近親者は5人、親しい友人は10～15人、仲間は30～50人と3の倍数で増えていくとされている。経験的にも、居心地がいい人間関係がこのサイズなのは納得できる。例えば、私が企画している講座やワークショップでも15人までの人数だと全員とちゃんと話ができたという実感が得やすい。100人サイズの大講義は、効率はいいが、会った人のことをほとんど認識できない。その後に講義を聞いていた人の顔を思い出すことは難しい。

現代は各種ツールによって人がつながりやすくなったため、友人が増えたように感じるし、各種SNSもフォロワーが多ければ多いほうが善という設計がなされている。しかし実際は人間の認知限界もあるので、一定数を超えたら誰だか分からなくなる。ある出版事業を営む方が、Twitterに20万人のフォロワーを持っていたが、あまりにも雑音が多いので、Twitterによる告知を取りやめた。出版物の告知などを20万人に対して行えるので、普通に考えたらやめると売上が下がるはずなのだが、やめてもさして影響がなかったそうである。小規模事業者にとってSNSは必須の武器、みたいな風潮があったが、それも幻想かもしれない。

よく考えてみればソーシャルメディアと呼ばれるだけに、現状は社会的な事件に対して意見を戦わせたり、バッシングしたり、賛意を示したり、怒ったり、ニュースを共有したりする場である。それが小さい企業体が丁寧につくった品物やサービスの広報に向いている、新しい時代だ！　という触れ込みは過大評価だったのかもしれない。もっとも、ごく部分的には機能することもあるから辞めにくいのが罠である。おそらく、個人サイズの小さい規模の品物の多くは、閉じたメディアや本当にお茶を飲むだけの茶話会ぐらいの穏やかなものを主体にするほうが向いているかもしれない。実際、古来のおんぶ紐を商品化してヒットさせたあるメーカーは、子育ての話題と体験を共有する小さな会を開くことで品物を広めていっている。堅実なやり方だと思う。乱世には少人数で集まってお茶を飲んでいるほうが有意義なのかもしれない。お茶を淹れて飲もう。急須のサイズで集まる人数が決まる。そこもいい。

趣味のイドコロ――「竹で家をつくる会」を例に

「有志でつくるオープンな空間」や10人程度の親しい「友人」は一朝一夕にはできない。対して「趣味のイドコロ」は、もう少し早く立ち上げができる。ひとつの例が、「竹で家をつくる会（仮）」である。これは、私のナリワイの一つで助手的役目を務めているタイ武者修行という企画から派生してできた集まりである。タイ武者修行について説明すると、タイの山岳民族アカ族の持っているバンブーハウス建築技術を見習いに行く企画である。各地から興味がある人が集まり、全員でアカ族の達人たちと家を一軒建てる1週間程度の合宿だ。もともとモンゴル武者修行という遊牧民に弟子入りするハードなワークショップをやっていたところに、タイでも同じような企画をしたいと相談を受けて始まった企画だ。竹で家一軒を建ててしまうというダイナミックな体験は参加者にとって印象深いようで、せっかく覚えた技を試してみたいという声が多い。そこで有志で集まって日本でも自主練をするようになった。果敢にもこれまで3回ほど日本で竹の家の建設にチャレンジした。技術が熟練していないことと、環境の違いもあり、完全な成功にまでは届いていない。できてすぐに数十年に一度レベルの台風が来たりして、壊れるなどの不運もある。

失敗しながらもなぜ続いているのか。自分でも不思議だが、これは難易度やサイズがちょうどいいのだろう。ナタ一本でできて、うまくいけば日常ではつくれないサイズの工作物をつくれる。普段はナタを振るう機会なんてないのでそれも面白い。当面は、自信を持って使えるバンブーデッキがつくれることを目指している。

このような課外活動的なイドコロを続けるコツは、充実感の高め方にある。竹の家を建てる場所はそのときによって変わる。近くに温泉を見つけたり、名店と言える飲食店を発見し、ひとしきり体を動かした後の充実感を満たす工夫がイドコロを保つコツだと感じる。ところで、美食ブームの最大の弱点は、空腹をつくる仕掛けが全くないことである。人間の生き甲斐の一つの食は、そもそも体を動かすために食べるものであり、本来は体を動かすこととセットでなければならない。イドコロは心身の健全性を回復させる場所でなければならないから、何が人間の心身の健全性を回復させるのか、を常に考えるのがコツだ。だから、趣味のイドコロにおける食事は極力、コンビニ弁当で済ませてはいけない。

さて、この竹の家を日本でチャレンジする趣味の集まりは、あまり一般的ではない。一人で思いついてもできない。だからこそ、集まる意味が深まる。そして、日々の現金を得るための収入に関係のない活動である。仕事と違ってやりたいからやる。各自が勝手にやっている活動なのがいいところである。これを楽しく続けていけば、希望も含めて言えば、居心地のいい無私のイドコロになるだろう。ビジネスの集まりは、利害が一致している間だけ続く。逆に言えば、昨日の友は今日の敵にもなる。それはそれで、利害を一致させればいいだけの話なのでシンプルである。

趣味の集まりはそもそもが利害がないので、無私の人間関係を構築しうる。これは時に飛び道具となる。もちろん、強制力がない「ゆるいつながり」なので、自然消滅しやすいが、人生における転換点をつくる可能性を秘めているのではないかと思う。人的ネットワークの研究で有名な話だが、仕事上のキャリアを転換するきっかけは普段会う人間関係の外にいる人からもたらされると言われている。大きな転換とは普段いる世界から離れたところに飛ぶことだから、これは考えてみればその通りだ。個人的な体験でも、就職活動の中で特に親しくない研究室の卒業生から紹介されたのが、今でもお世話になっている農業雑誌の編集長だった。他にも、自分が企画してイベントなどを開催する中で、自分を起点にした人たち同士の出会いで結婚などに至るケースがあり、気がついたら10組を超えた。これらは、私を通してたまたま会った人同士だ。私自身も普段連絡を取り合わない人なので、事後報告を受けてびっくりするばかりなのである。あまりにも事例が多いので知らないうちに「神社」と呼ばれていた。そんなわけで、趣味のイドコロは立ち上がっては消えていくものも多いが、人生の転機において重要な役割を果たす可能性を持つ。

趣味のイドコロを活性化させるには次のようなコツがある。

- 人数は10〜20人程度以内が動きやすくておすすめ
- 趣味のイドコロには、それにふさわしい食事がセットである

・世話役は取り組む課題を常にいい加減に設定する役割がある

一番とっつきやすい趣味のイドコロは、習い事であろう。書道、茶道、和歌、俳句と無数の教室がある。これはぴったりハマるものを見つけられれば、イドコロになる。教室の人数を観察すると分かりやすいが、だいたい10人程度である。趣味のイドコロの扱いやすいサイズなのであろう。

注意点は、趣味のイドコロだけで流動性の低い自然系イドコロを代替できると思わないことである。人間の体内でも、常に動いて体を支える臓器や細胞もあれば、ある瞬間だけ現れて役目を果たして消えていく免疫細胞もある。身体の免疫システムは、出生から大人になるまでに、様々な異物と遭遇し学習していく。これと同じように思考の免疫系を完成させるのにも、時間がかかる。様々な人と遭遇し、たまには風邪程度の失敗を繰り返しながらも、おおむね正気を保てる仕組みを鍛えていくわけである。

公共空間の気に入った場所は地味だが大事

公共空間に存在するイドコロ実例について考えたい。これは、わざわざ買ったり、つくったりしなくてもよい。趣味のイドコロよりも手っ取り早くつくることが可能だ。私の場合は以下の2つを意識している。公園（神社なども含む）と銭湯である。

2020年冬から、新型コロナウイルスの感染拡大による学校の休校や外出の自粛が発生した。多くの人が公園のありがたみを実感したのではないだろうか。日本には広場がない、というのが本書のきっかけとなった問題意識だ。日本でも広場性を持っている縁日や仲見世が形成されている参道もあるが、近くにない場合のほうが多いだろう。だが、見渡してみれば公園や河川敷などはある。課題の一つは、それを使いこなす文化がまだそこまで普及していないことだと思われる。しかし、使い方の問題であれば、個々人で少しは対応できる。最近の例だと、子供たちが公園のルールを変えた話がある。今、多くの公園でボール遊びが禁止されている。これに疑問を持った東京都内の小学生たちが意見書を区役所に提出し、ルールの改訂にこぎつけた。区内の公園の一つが決まった時間帯の範囲ならボール遊びができるようになったのである。このアクションで、決まった時間にふらっと立ち寄れば、誰かとボール遊びができるイドコロができたことになる。また、一人で散歩してもくつろぎ感が得られるならそれは立派なイドコロと言える。別に公園でなくてもよい。緑道だったり、神社だったり、川沿いの道だったり、飽きない公共空間を見つけておくと、日常のイドコロになる。無料かつ、思い立ったらすぐ行ける。また、日本は桜を植えている道が多い。桜だけでも随分楽しめる。桜の花がつぼみから徐々に大きくなり、開いて、一気に咲いて散るところや、強まる太陽の光で葉っぱの緑が濃くなる様子も、それぞれ見どころがある。樹木が多い公園なら雨が降っているときも見逃せない。春雨ぐらいなら、樹木の下だとそんなに雨が落ちてこず、雨が葉に当たる音が360度から飛んでくるので大変に味わい深い。音も楽しめる。これらは公園によく行くようになって気がついたことだが、日々の精神の健康にいいと実感する。そういえば『鈴木先生』（武富健治著・双葉社）という漫画で、居場所にしていた公園から締め出されヤケになって事件を起こしてしまう人の話があるが、制約が少なく居ることができる場所が万人に開かれていることはとても大事なことだ。

もう一つ、イドコロとして活用しているのは銭湯である。湯に浸かること自体がくつろぎを生むので、それだけでもイドコロになりえるが、だいたいが平和な雰囲気が保たれているので、その点でも精神の平穏を保つのに自分にとっては良い場所である。最初の就職で上京し単身生活を送った際には、いい銭湯が近くにいくつかあったので大いに助かった。これは、見つけるだけなのですぐに機能するイドコロである。公共空間は使い方を見つけられればすぐにイドコロとして機能する。小一時間ぐらい爽やかな気持ちになれる効果が日常的に得られるのはあなどれない。また、公園のいいところは商業的でないことである。滞在に時間制限もなく（閉園時間はあるかもしれないが）、長居して追い出されることもないし、いつ行ってもいい。銭湯は有料だが、物価統制令の対象で、廉価に設定されている。逆にいうと、これらを商業化すればするほどイドコロとしての性質は失われやすい。財政支出を削減すべく、公園に大資本系の店舗を誘致する動きもあるが、やりすぎて公共空間がほとんど商業施設同然になってしまうと、それだけイドコロが減る。これは回り回って社会の心身の健康を損なうことになる可能性が高い。さじ加減が大事だ。

イドコロになるような日頃通えるお店を発掘する

生活圏内にある日頃通えるお店もイドコロの一つになる。個人の好みにだいぶ依存すると思うが、やはりシステムからいくらか外れたバグのある店は、行くと元気になるように感じる。友人が営む土日だけ営業するジャークチキン屋は、世間話ができるのがいい点である。他にも、老夫婦が営む定食屋もたいした会話があるわけではないが、一言二言程度の余計な会話があるのでこれもいい。ただ、完全にシステム化されたチェーン店のほうが落ち着くという人もいるだろうし、人によってイドコロになるような店は変わってくる。行って落ち着いたりくつろげたりする店は、店主と客との距離感が自分に合っているところだろうから、生活圏に自分の好みのお店を探しておくことは大事なことである。私個人としては、常連が入り浸る店は苦手だが、完全にシステム化された店もそれほど好みではなく、個人が適正価格で営んでいるお店が心地いいと感じるので、そういう店が日常の行動圏内に点在するエリアに住むようにしている。しかし、仕事の事情などで、自分と相性の良いお店がない環境に行くことになったら、それだけイドコロが減るはずなので、他のタイプのイドコロで補わなければいけない。あらかじめ準備する必要がある。

文明から離れて一人になれる空間も重要なイドコロである

現代的には、物理的に一人になるだけでなくネットワークを一時切断できる時間も重要になってきている。常時接続を解除しないと脳がリフレッシュできない。この原稿を書いているときにも、スマートフォンが壊れて充電できなくなったことがあった。予想通り普段より集中力が増したのだが、分かっていてもなかなかやりづらいのも事実である。そこで、半強制的に一人になれる空間が必要である。日本では若干騒がしいものになってしまったが、北欧の文化であるサウナも静かに入るものだし、スマートフォンが持ち込めないのもいい点である。私の場合は、さらに文明（現代的なインフラ全般）からも離れるためにモンゴルの草原に毎年行っている。草原は、複数人で行動していても夜に外に出れば一人になれるのがいいところである。ハードルが高いが、野宿もいいかもしれない。私も学生時代に一度だけ寺の前で野宿をしたことがあるが、人を浴びすぎた後に脳を調整するのにいい経験だった。ソロキャンプが密かに人気なのも近い理由だろう。異物である他人を浴びすぎると思考の免疫系が疲れるので、一人になれるイドコロも思考の免疫系を整えるのに有用なのだと思われる。よく山の中に書斎やアトリエをつくる作家がいるが、あれも文明から離れて一人になる場所だ。

ここまで、具体的なイドコロの実践例をあげ解説をしてきた。性質の異なるイドコロの総体を一つの系として捉えることがポイントである。全部の種類のイドコロそれぞれが充実していることが理想だが、どれかが欠けても他で補ったりして全体としてうまく機能するように手入れしていけば、十分にこの乱世を正気を失わずに活動していけるかと思う。以上は、そのための実践に基づいた提案である。

練習問題その4

仕事が忙しく充実しているが、ふと仕事をやめたら何が残るのか不安になってしまいます。

回答

不安にしたがい別ジャンルの活動をやりましょう。

私は自営業なんですが、確かに仕事でスケジュールが埋まっていると窮屈さを感じると同時に安心感を覚える面もあり、現代社会に生きる業（ごう）を感じます。仕事に熱中し全部をそこに費やすのは一見格好よさげですが、引退する日にいきなりやることがなくなります。不安になるのは当然であります。元気な人なら何か見つけてまた新しいことをやり始めると思うんですが、燃え尽きてしまうと引退後に新しい趣味を始めるのもなかなか大変です。「定年退職後にずっと父親がソリティアをやっていて大丈夫だろうか」という相談を聞いたことがありますが、こうなってから状況を動かすのは難しい。早めに仕事以外の過ごし方を開拓しておくか、諦めて生涯現役で仕事をし続けるかの二択になるでしょう。ただし、ずっと同じ分野で仕事を続けると後進の活躍を妨げるので、同じ仕事でも一人で完結しやすい別ジャンルのものを開拓するのがいいかと思います。

第4章

「イドコロ」は思考の免疫系を構成する

人はなぜイドコロを必要とするのか

改めて、イドコロの意義を確認したい。20万年前に登場した現生人類は、他人との協力関係を駆使して生き延びてきた。協力関係をつくる社交の方法も、原初的な毛づくろいから笑い、言語、歌、酒盛り、物語などと徐々に広範囲に短い時間で届く方法を編み出してきた。個体としては運動能力が高くなくても集団でできることを増やしてきたわけである。だから他人との協力は人類の基本である。協力に必要な条件は、協力のためのルールを守ること、話が噛み合うようにお互いが正気を保つことである。何かしらの壁やレッテル貼りが横行してしまうと協力ができないどころか、すぐに喧嘩になる。「平家は皆殺しだ」とか「おまえは〇〇だから全部でっちあげだ、ウソ野郎！」などとなってしまうと、複数人の意見を合わせてベストな策を導いたり役割分担をすることができなくなる。例えば東日本大震災前に、福島原発の非常用電源の防水問題は日本共産党によって指摘されていた。しかし、野党だからかこの指摘が顧みられることはなかった。何を言うかより誰が言うか、何を言うかよりどれだけ声がでかいか、という要素が強すぎると、道を誤りやすい。正しいことを主張する人も声がデカくなるように頑張ろう、という現実主義もあるが、そこに引っ張られて主張が変質してしまったら元も子もない。

イドコロは、異なる意見を持つ人が集まる社会の中で、最低限の協力を可能にする信頼感をつくる場でもあり、それを可能にする自分の正気を保つ場でもある。これまで見てきたように、集まった人が直接的に何か一緒にやるイドコロもあれば、ただ、一人で通える気に入った場所もイドコロになる。イドコロがあることで共同作業が可能になるのは効果の一つだが、面白いのは共同作業じたいがお互いの共感を高め、さらに協力関係を強くすることにもつながっていることだ。稲刈りや狩りを一緒にやることで、チームの結束を高める機会になる。だから共同作業に必然性があるとその集団の協力関係は強くなりやすい。共同作業が集団の維持に必要なのは、昔の話ではなく、今でも企業の運動会の運営を請け負う会社まであるぐらいである。なんやかんや一緒に何かをやる機会が人の集団を維持する力になっているのだろう。

今日的な問題は、都市化すると農作業や狩りなどの共同作業が不要になってくることである。農村部ですら機械化で共同作業が減ったので協力関係が落ちてきている。あいつ気に食わねえな、と思ったとしても、稲刈りで世話になった場面を思い出すと、そこまで徹底してやっつける気にはならないだろう。持ちつ持たれつの関係が、人間同士の距離を腹八分目のところで保つ効果もある。それが減っている以上、別の方法で共同作業の場をつくらないといけないのだが、わずかに残っている用水路の溝掃除や共同の草刈りなども、サボると村八分になるようなマイナスなものに捉えられがちである。なんとかしてやらない人を攻撃しない加点式の文化にしないといけない。都市においては、広場は共同作業の代替として重要な媒体だった。縁日があり、市場（いちば）が立ち、普段はおしゃべりの場になる。特に共同作業がない街の住民で全体として協力できる環境を支えるのが広場だと言える。実際に共同作業をしないまでも、知らない人同士が空間を同じくして危害を加えずに過ごすこと、これが重要である。野生状態では人は知らない人に対して恐怖を覚える。だから登山道ではすれ違うたびに知らない人でも挨拶するのがマナーになっている。広場で人が集まり、平和に過ごしていることとを目撃するだけでも「この町では他人も信頼できる」という前提を共有できる。広場のような、人間が集まって信頼感を醸成させる場が、都市における人間の共同性に寄与してきたと言える。人間には他の生物と同じく群れる性質がある一方で、過密になりすぎると食料の取り合いなど衝突が起きやすくなる。衝突が起きない程度に集まれるためにも所々にイドコロが必要なのである。また、類人猿でも観察されるが、集合と離散を繰り返してバランスを取る方法も重要だ。必要なときには集団で集まり、必要がないときには離散する。例えば燕は子育てのときは家族で巣をつくるが、子育てが終わり大移動する前には、大きな集団でねぐらを形成し集団で海を渡り東南アジアへ向かう。大移動は集団でやったほうが外敵からの防御力が上がるし楽に飛べるからだ。このように生き物には群れる習性と過密になると衝突が起きるという相反する二つの性質がある。どちらも無視して住む環境はつくれない。だから広場なき都市化を漫然と進めると、都市型住居に孤立し、必要なときに集団で集まる場所がないという事態に陥る。日本で世界から異常だと悪者にされる満員電車通勤がなかなかやめられないのは、群れたいという古くからの欲求に引っ張られているからかもしれない。かれこれ50年ぐらい過密通勤が続いているのである。本気でやめようとしてこなかったのではないか。しかし、当然ながら現在の通勤電車の密度は人間の限界を超えている。別の健全な人が集まれる場所をつくって、条件の悪い集合場所である満員電車をやめたくなるように仕向けないといけない。さらには、今の電車の車内には圧力の強い広告の嵐がある。これも精神的健康に悪い。「痩せましょう痩せましょう」とか「さっさと稼いでセミリタイアしないんですか?」「サラリーマンは寝ている間に金を増やせ」とか。とにかく、他人との差を強調してきてうるさい。まともな精神ならダメージを受けるし、気にならないようにするにしても神経を鈍磨せざるをえず、これもまた感性を鈍らせるリスクがある。

イドコロ不足で生まれるストレスは世の中に放出される

過度なストレスというのは、ある種の汚染物質と同じで、どこかで中和して無毒化するか、分解可能な濃度に薄めて自然環境に放出するしかない。それができない場合は、環境を破壊する濃度で周囲を汚染していく。ＳＮＳでの何の得になるのかと思うような暴力的なリプライや、自粛警察的な行動などは、この過度なストレスの結果と見ることができる。運良く、漫画化したりユーモアで無害化したり濃度を薄くして世の中で分解可能な濃度にできる人もいるが、できない人は関係のない他人にぶつけて解消しようとする。これはＳＮＳにおける炎上やバッシングや陰謀論流行の一要因だと私には見える。また、すでにＳＮＳも通勤電車と同じく過密になっているのではないだろうか？　今のＳＮＳを見ると過密状態で、それゆえ衝突が目立つようになってきていると思われるのである。インターネットは無限の広がりを持っている、というのは幻想だったのかもしれない。人同士の協力を促進すると期待されていたＳＮＳだが、ごく最初の頃は不用品を誰かに届けることや、友人の近況を継続的に知り親近感を維持するのに有用だった。しかし、大きくなるにつれて政治的主張を戦わせる場、もしくは広告手段に使われるようになってきた。これは広告が張り巡らされた通勤電車の状況と同じである。総体として居心地がいい空間ではない。つまりイドコロとしての機能が低下している。上級者は、リスクの高いアカウントへの予防的なブロック、バッシングを受けた際のミュートなどの機能を駆使して楽しめるかもしれないが、そこまでしてわざわざやる必要もないように思う。ニュース番組を眺めるぐらいの距離感にするのがいいのではないだろうか。

思考の免疫系を手入れする

ここまで、群れる習性を持つ人間が健全に群れて（あるいは群れずに）居心地よく過ごすにはイドコロが必要であり、通勤電車やSNSは、過密であり、ともすると悪いイドコロとしてマイナスの影響がありうることを検討してきた。一連の検証は2010年ごろに「SNSは個人をエンパワーメントする」という言説が夢だったことを反省するものである。この20年ぐらいずっと「未来の」とか「これからの」という前のめりな話を次々つくって消費してきたわけだが、これからは言うだけでなく、「あれって結局どうだったのか」という検証も合わせて積み上げていかないといけない。

身体の免疫と同じで免疫活動が過剰になるとアレルギーや炎症で自らの体にダメー

ジを与えてしまうし、過小であれば病原体に対抗できない。社交においても、誰でも彼でも受け入れていくと居心地の良い空間を守ることができない一方で、過剰に障壁を築くと思考が偏ったり、新しいものを取り入れる機会を失う。新しい展開をもたらす出会いもあれば正気を失わせる出会いもある。そんな中で、ある程度外部を受け入れ自分が変わりながらも正気を保っている人は、複数のイドコロを働かせている。本人たちはそれを特別なことと思ってもいないし、一個一個は日々を楽しく過ごす工夫にすぎない。いくつかのイドコロを並行して持ってそれぞれに居心地の良い時間をつくっているのである。一つの例だが、ある銭湯で、同じ銭湯に通う人同士で湯あがり後に談笑しているグループができたという。そこではお互いの名前も知らないが楽しくおしゃべりしているそうだ。集まっている人には別に強いつながりも存在しているのだろうが、同時にこのような銭湯での集まりも大事なのである。ちなみに、その銭湯の店主の番台経験によると、銭湯に入る前に不機嫌そうな人も帰るときには表情が緩んでいるものらしい。銭湯のイドコロ力は高い。

こういったイドコロは複数あるから全体として正気を保ちやすい。どこか一つだけに依存すると危ない。1日に3回も銭湯に入っても、他のイドコロの代用をすることはできない。身体の免疫系も、第一段階の物理的防御（汗、皮膚、唾液）に、第二段階の自然免疫（好中球、マクロファージ）、第三段階の獲得免疫（抗体、キラーT細胞）の三段階で外敵からのアタックに対応している。いくつも対抗策が用意されているのは、外敵の種類も無数にあるからである。そのため複数の要素を掛け合わせて無限の対抗手段を持てるようにしているのである。思考の免疫系としてのイドコロも、どれか一つで現実世界の無数の精神攻撃に対応できるものではない。映画とかはドラマが盛り上がるので家族愛など強力な要素を強調するが、現実世界で、家族だけ、あるいは友人だけで世の中の精神攻撃に対応しきることは難しいのである。ときには銭湯での談笑グループのようなイドコロも必要なのである。ちなみに、今でも銭湯ではなじみのお客さんが来ないと心配してくるお年寄りがいて、一つの安否確認の場にもなっている。悩み相談にしても、家族には言いやすいこと、言いにくいことがあるのは皆さんの生活実感からも分かると思う。親しくない人にこそ相談しやすいこともある。これから乱世が極まっていく中で、正気を失わずに自分の活動を粘り強く続けるためには、複数のイドコロのメンテナンスが大きな力になる。

では、絵に描いた餅にならないようにそれぞれの位置づけを改めて考える。まず、持続時間が長くて強い自然系イドコロ（「生活を共同する集まり」「親しい友人」「仕事仲間」）と、それから持続時間が短めだが、立ち上がりが早い獲得系イドコロ（「強い趣味」「公共空間の気に入った場所」「日頃通える小さいお店」「有志でつくるオープンな空間」「文明から離れて一人になれる空間」）の二つの層を働かせることが大事である。外敵のアタックを防御しながら、一つ一つを体験して、近づいてはいけないタイプの他者の見極めを学習し、多種多様なイドコロの中から自分に合う良性なものが残っていく。自分に合わないタイプのイドコロは有害にもなるので適宜消えていく。

自然系イドコロは、いずれも流動性がないわけではないが、基本的には高頻度に変えることはできない。そして、自分にとって居心地がいいイドコロにしていくには、時間がかかる。生活共同体のメンバー探しも時間がかかるし、環境を良くしていくにはやっぱり時間がかかる。仕事仲間も、同じくやはり居心地がいい仕事仲間をつくるのは時間がかかる。自分の技能を高める時間、良好な関係者、お客さんとの関係性などを育てていく時間がイドコロとしての仕事仲間を育てるまでの時間だ。親しい友人もいうまでもなく時間がかかる。成功した人が急に悪い人間関係に巻き込まれて生活を乱れさせることがあるが、経済的に成功すると、カネや名声をアテにした取り巻きが集まりやすくなるのは想像に難くない。大事なことは、3つの自然系イドコロは基盤になるということと、時間がかかる、という2点を理解しておくことである。また、必ずしも全部揃っている必要はない。ほかのイドコロで補うことは可能だ。

「生活を共同する集まり」を考える

基盤になる自然系イドコロの一つ、「生活を共同する集まり」について考えてみよう。文字通り一緒に暮らす人の集まりである。多くは血縁関係や婚姻関係に基づく家族が多いが、これに限らない。仕事を引退したときに「生活を共同する集まり」は重要になってくる。現代社会では、仕事の引退時期が決まっているため、普通にしていると定年を過ぎたら自然系イドコロの一つである仕事仲間は減少する。昔であればご隠居さんとして孫の面倒を見るなど、別の役割があった。人間が長生きするのは孫の面倒を見られるようにするためという説もあり、実際にそういうサイクルになっている文化圏もある。仕事を引退しても、後進へのアドバイスや個人的研究など、新たにやることが自然に見つかるならラッキーなことであるが、「生活を共同する集まり」や「親しい友人」の比重がより大きくなることが多いだろう。

この100年で突然主要な仕事場になった企業は、引退の時期が年齢で決められている。定年後は基本的に職場に関われない。定年退職した元上司が職場に来たら確実に煙たがられるし、そうあるべきである（OB・OGが力を持つ組織などろくなものではない）。一方で農業などは、定年もないし、仮に引退しても畑の草刈りの手伝いにフラッと来てもそこまで煙たがられない（栽培方法に口出しをしてこなければ）。したがって、企業勤めの場合は、定年後に仕事場以外のイドコロを準備しておく必要がある。よく人生相談コーナーで、定年退職してから家族との時間を増やそうと思っていたら、すでに家族には愛想を尽かされており、相手にされない、という悩み相談がある。この場合は、自然系イドコロの「生活を共同する集まり」に過度に期待することは諦め、他の「親しい友人」や獲得系イドコロで補ってしのぐのがよいだろう。

「生活を共同する集まり」の新しい形の例として、京都で高齢者の家の空き部屋に学生が居候する次世代型下宿「ソリデール」という制度がある。かつては下宿という形で学生が食事付きで同居する仕組みがあったが、時代の変遷でほぼ消えている。それを、食事付きかどうかなどのルールは各自が決める方式で、仲介者が入り、面談や体験居住などの手続きを整えて復活させる試みといえる。今のような変革期は、このような新しいイドコロの形を開拓していく時期である。うまくいきそうなものを社会で共有して真似しやすくしていく。新しいイドコロの形をつくることは、自分のためだけのことではなく、それ自体が社会の共有財産になる。

生活共同体の運営のコツとして非日常の行事をうまくつくるということがある。例えば、貸し農園が人気なのも、家族で小さい菜園をやるのは行事がつくりやすいからである。育てて、収穫して、食べる、と流れがあるのも行事として強い。皆でテーマパークに行くのもいいのだが、自主的に何かをつくり出せる要素が少ない。エンタメはどこまでいってもエンタメなので、自発的な遊びではない。外から供給される刺激よりも、自発的なアクションのほうが継続性があり応用しやすい。日本語での「娯楽」は仏教経典では、修行の結果得られる心の安らぎのことを指すらしい。盆踊りも踊っているうちに無心になれるのは庶民向けの修行と言えるかもしれない。娯楽になる行事をつくるのはイドコロを維持するのにいいことだろう。私がいいなと思った行事は高知県のある会社が企画している親子で地元の木を使った学習机をつくるためのワークショップである。一緒に作業ができて、しかも成果物ができて達成感がある。過程と結果の一連の流れがある行事は良い行事だ。生活共同体の歴史を見れば、食事と会話、育児、睡眠、家族行事など、様々なことを共有してきている。外で仕事ばかりして家にほとんどいない働き方だと、生活共同体を維持するのに不利だ。共同作業もないし、会話もない。そうして多くの場合、生活共同体は形骸化してきた。この数十年の日本の企業（仕事場）で過ごす時間が過剰な形態は、人類の歴史からしても稀なことだ。自分が子供時代を過ごした１９８０年代から１９９０年代のことを今振り返ってみると、家族の成人男性を軍隊とまでは言わないまでも何かの組織に預けている状態に近かったのではないか。預けた先の仕事は世の中のためであり、貢献度は大きいものがあっただろうが、やはり過剰だったように思う。その分失ったものがある。とはいえ、それでも人は健康に元気に暮らすことはできる。前述したように、自然系イドコロの「生活を共同する集まり」の存在感が小さくとも、他の自然系イドコロもしくは獲得系イドコロでカバーできるのである。今風に言えばイドコロのレジリエンス（復元力・弾力性）だ。「生活を共同する集まり」は人類のこれまでの様子を見ても、ある程度手間暇をかけないと維持できない。そのための時間を確保するには、仕事の自然系イドコロの肥大化を防ぐのが第一歩だ。他にも、どこか一つのイドコロが過剰になるとアレルギー反応が起きると思われる。戦後からこれまでの日本社会では男性は「会社」（「仕事仲間」）を肥大化させ、女性は「家族」（「生活を共同する集まり」）を肥大化させた（せざるをえなかった）ケースが多いと思われる。私自身はその子供の世代だが、世の中を見てもやはりその肥大化の影響を感じることがある

イドコロとしての「親しい友人」を考える

次に、友人について考える。ここでの友人は困ったときに頼りになる範囲の人のことである。共同体の人数の限界値を150人と推定した進化生物学者のロビン・ダンバーの調査によると、友人はおもに6つの形質を共有することが鍵になっている。

その6つとは、①共通の言語、②共通の出身地、③似通った学歴、④共通の興味や趣味、⑤共通の世界観（似通った政治観、宗教／道徳観）、⑥共通のユーモア感覚、である。これらのうちの2つより多い数を共有していると友情が生まれ、数が多ければ強まるという。この説にしたがえば全く共通しているものがなければ親近感を持てない、ということになる。地元の友人は方言と出身地が一致しているので、それだけで親しい友人になりやすい。調査ではこの6つのどれが強いかまでは調べられていないそうだが、好奇心が強く何か新しいことにチャレンジしたい人にとっては、④共通の興味や趣味と⑤共通の世界観や⑥ユーモア感覚が重要そうだ。だから地元では「興味や趣味」が共通する人を見つけられない人が、田舎を出て都会に行きたいという意欲を持つのだろう。後述する二次的な獲得系イドコロの「強い趣味の集まり」は、自然系イドコロの「親しい友人」を生み出す素地にもなっている。趣味と友人のラインは相互関係が強い。獲得系イドコロの「趣味の集まり」を通して「親しい友人」が生じることがある。

冒頭のロビン・ダンバーの調査では、友情の男女差について、女性は会話によって友情を維持し、男性は共同作業によって友情を維持する、と指摘している。性差についてては文化差もあるだろうからさておき、会話と共同作業のどちらかが友情を維持するのに重要なのは直感的にも分かる。地域の祭りや一次産業の作業などは、このどちらもいっぺんに達成している。一見非効率そうに見える古来の生業には、共同作業とおしゃべりがセットになっている。手による共同の田植えや農閑期の藁細工や糸紡ぎなどの手仕事の多くは、人が集まっておしゃべりしながらやっていた。会話と共同作業が両立するものが古来の生業には多く、うまいこと「親しい友人」を形成するのに向いている作業が多かったのである。効率化を求めると、仕事のついでに友情が生まれる場面が減る。オフィスワークは個々人が独立して作業する時間を増やしてきたし、おしゃべりもしにくい。リモートワークになればなお減る。仕事とは別の場所で会話や共同作業が生まれることを考えていかないといけないのである。私の活動で、「全国床張り協会」や「ブロック塀ハンマー解体協会」などのＤＩＹ技術を集まって身につけよう、という活動はこれらを意識してやっている。会社組織で古いシステムを効率化すると仕事を奪われる社員が反発して、なんなら効率化を進めた社員のほうがクビになることすらある。効率化するときは合わせて新たなイドコロを補う策をセットにすることが必要だ。例えば休日を増やすとか。

イドコロとしての「仕事仲間」を考える

仕事仲間とは主には仕事をともにする人間だが、仕事場、テーブルやアトリエやオフィス、仕事そのもの、仕事に関わる関係者、の総体だ。仕事とは、元来は食料確保のための作業である。先ほどの友情について、会話と共同作業が鍵になるとしたが、これは仕事場でも生じる。作業を一緒にやり、その過程で会話ができる。この2つの行為は人との関係性を維持するのに強い効果を発揮する。だから、仕事仲間はイドコロとして強力である。収入も得られて、場合によっては友人もできる。強力なだけに肥大化しないように注意しなければならない。電化以前は一部の官僚貴族以外は夜には仕事ができなかった。そのため、仕事の肥大化にストッパーがかかっていた。

仕事には、かつての農山村や漁村のような体を動かす仕事から、各自が事務業務を分担して連携していくものまで多種多様にある。総じて、他人と協力することが得な状態だと人は進んで助け合う。逆に限られた資源を奪い合うような感覚が強いときには、村八分や足の引っ張り合いが起きやすい。限られたポストを巡って出世争いに明け暮れる人が多い組織は荒む。全体の経済が成長しているときはだいたい全員が満足できるので、こまやかなイドコロの実践がなくても問題は顕在化しない。しかし、全体の取り分が定常もしくは縮小状態のときこそ、イドコロを手入れして生活実感の満足度を高くし、他人のことを妬む誘惑を小さくしないといけない。

イドコロとして機能する仕事仲間の条件は、全体として業績が横ばいかゆっくり上向き、分け前が平等に配られている感覚があり、他者との出世争いが減点主義ではないことだ。こんな企業や組織は地味なことが多いので、人気ランキングには出てこない。よく調べて探そう。もしくは、そういう仕事場をつくる、という方法もある。私の場合は、個人フリーランスで働く人が集まるシェアスタジオをつくることで条件のよい仕事場をつくった。それぞれが別の分野のフリーランスが集まっているので、無駄な張り合いもなく居心地が良い。また、副業を持って仕事の一部を自分のコントロールできる環境に置くのも一案である。どんな小さい副業でもいいので最初から仕上げまで自分でやれる仕事をして、自分のイドコロを確保するとよい。イドコロとして見るなら仕事や組織は、現場と経営の解離が起きていないところがいい。立場によって発言力の差が大きすぎるということになると組織は硬直する。実際、日本の大規模組織の多くには、身分制かと思うほど立場で発言権に差がある。ある業務について一番詳しくても非正規職員だというだけで発言権がなかったりする。良い例で、欧州を本部とする国際協力機関の仕組みは、現場に出る職員も、本部の幹部職員も、有期雇用者も、無期限雇用者も、全て同等の発言権を持っていて差別されず、相互に配置転換が行われているという。この仕組みは都市と自然の関係をよく理解しているものだと思う。喩えるなら現場は（予測不可能な生身の）自然で、本部は（計画性を大事にする）都市である。この国際協力機関は、都市と自然の往復をしないと組織が硬直化するというのを知っているのだろう。営業現場が力を持ちすぎると、短期的に売りやすい商品ばかりになって将来性がなくなるし、計画性と理論ばかりだと生身の自然に対応できない。どちらかに偏ると往々にしておかしくなる。

まとめると、イドコロとして人を鼓舞する仕事仲間の条件は、出世争いがないこと、身分による発言の正当性に差がつかないこと（平社員でも意見が妥当なら採用される風土）、人間関係ではなくて具体的な対象物に意識を向けられる文化、現場とマネジメントが解離しないことの4点である。

転職以外に手っ取り早いのは、先に述べたように自分の裁量で動かせる小さい副業をつくることだ。さらに、そういう人が集まれるシェアスペースをつくってしまえば、物理環境の面でもイドコロが整備されていい。小さいサイズなら4つの条件はわりとすんなりクリアできて、仕事仲間のイドコロも良好なものになるだろう。そもそも一人で仕事をすれば出世争いは起きない（一人なので）。大人数の組織に関わる場合は、先述の条件を揃えられるよう試行錯誤するしかない。

以上が3種の自然系イドコロの実践についての考察である。3つがバランスよく充実していれば、3つとも同時に不調になる確率は低いので心身の丈夫さが保ちやすいと思う。コツは、人間関係に注意を取られすぎるのではなく、間にある共同作業やおしゃべりという媒介物に焦点を当てることである。また、作業の自動化は善とされているが、自動化した分だけ共同作業が減るので、自動化の分だけどこかに別の共同作業を用意しないと逆に不調をきたしやすくなるはずである。ドラム式洗濯機と全自動食洗機とブラーバ（もしくはルンバ）だけでうまくいくと思うなよ！　である。

獲得系イドコロは消えやすいがつくりやすい

自然系イドコロは持続時間が長く、過ごす場面も多いから基礎になるものではある。

しかし、それでも対応しきれないことが人生には多々ある。進学や新社会人などのタイミングでは一時期的に生活共同体がなくなるし、移住すると友人も仕事場も一時的にゼロになる。そのような特殊な状況も含めて、平常時でも獲得系イドコロが自然系イドコロのカバーしきれないところを担当し、補う。自然系イドコロの調子が多少悪くても、獲得系イドコロを活性化させることで気力を充実させ、正気を保ち、自然系イドコロの復調を待つ余裕を生み出す。獲得系イドコロとして、「強い趣味の集まり」「公共空間の気に入った場所」「日頃通える小さいお店」「有志でつくるオープンな空間」「文明から離れて一人になれる空間」の5つをあげた。もっと探せば他のタイプのイドコロも発見されるだろうが、ひとまず最初のたたき台として5つあげてみた次第である。これらのイドコロ群は、生活に必須のものではないが、全くないと困るものでもある。自然系イドコロは生活の基礎になる部分なだけに、激しい実験はやりにくい。しかし、獲得系のイドコロは色々試せる。趣味がどこかで化けて仕事になる可能性だってあるし、趣味から親しい友人が生まれることもある。例えば、子供のときに家庭の雰囲気が悪く厳しかったが、週に一回の運動クラブや習い事で息抜きできたのでなんとか乗り切れた、とかそういうことも人生には起きうる。獲得系イドコロは、視野を広げることにも寄与する。近年広がりを見せる「こども食堂」などは、子供が家庭の大人としか接する機会がないと視野が広がらないので、色々な大人と接する機会を増やすという点でも意義がある。

獲得のしかたとして、「自分でつくる」「既存のものを活用する」の2つの方法がある。自分でつくる場合のいいところは自分のやりたいことを起点にしつつやるので外れにくい点だ。既存のものに参加する場合の良さは、てっとり早いことである。趣味の集まりなどはカルチャースクールから街の書道教室、毎朝公園でやっている太極拳の集まりなど、有料無料含めて無数にある。読書などは、特に団体に加入せずとも知り合いと感想を共有するなどすればイドコロになる。本を読む時間も空間も大事なイドコロである。学校で気の合う友人が少なかったが、図書室がイドコロになったという人もいるだろう。本は、獲得系イドコロとして大事な要素である。ただし、ひたすら偏った思想の書物を読み漁ってしまうと社会との適応性が失われる危険がある。近年、実家に久しぶりに帰ってみたら、親が極端に陰謀論に振れた本を読み漁ってしまい会話が通じなくなっていた、という現象が報告されている。こういう落とし穴を防ぐためには、雑多な種類の本を読むのがいい。また、読書会という形式は古典的だがイドコロとして実績がある。

意外性の「強い趣味の集まり」

では、獲得系イドコロをつくり、実践するための手順を考えてみたい。趣味に関する「強い趣味の集まり」を考える。まず「何をやるのか」が必要だ。強い趣味というだけあって、既存のサークルから自分の興味のあるものが見つけられないことがあったり、地理的に遠い場合もあったりする。その場合は、自分で集まりを立ち上げる。まずは友人の中からなんとか2、3人興味のありそうな人を見つけて、ともに実験して始めるといいだろう。そこで楽しければ続くし、盛り上がらなければ立ち消えになる。その気軽さが趣味のイドコロのいいところでもある。私も様々な趣味のイドコロを立ち上げているが、すぐに立ち消えたものもある。立ち消えたものの一つは、「仏像を彫る会」である。ある日友人の発案で、「仏像を彫りたい」という話になり、試しにカルチャーセンターの仏像彫り体験に行った。しかし、最初は板に線を彫るだけの体験だったので、気分も盛り上がらず終わってしまった。今思えば、下手に手を動かすより、最初に仏像とは何か、という話を聞いたほうが続いたかもしれず、入り口は大事なことを示す一つの経験だ。しかし、仏像の一件で、次の趣味は入り口を気をつけようと思うようになった。こうして何回も経験を積んでいけるのが趣味のイドコロのいいところである。仕事だとさすがに毎週転職するのは難しい。続いている趣味のイドコロの一つは、床張り活動である。これは長く同じメンバーでやる活動ではないが、床張り技術を1～3日で実際に作業をしながらマスターしよう、というものである。自分の手でできることを増やしたい、さらには床を自分で張れるようになりたい、という内容で、協力しないと進まないため、1日程度の作業でも、参加者で打ち解けた雰囲気になって解散する。一期一会という感じだが、参加者とその後再会するときはまた床の現場で会うことが多い。一時的とはいえ、他人と協力して床を張り遂げられたという体験は人生に希望を持たせるものがある。こういう小さく、一般的には経済的メリットなどなさそうなことで達成感が得られるのが趣味のイドコロの根本だ。既に紹介した「働く人のための現代アートコレクションを学ぶ会」は、最終的に自分で考え、決断し購入した作品を持ち寄り講評会を行う。ここでの意見交換が面白い。対人に集中するより、物体を通して他人と交流するのは精神的負荷が小さい。

趣味のイドコロが得意とするところだが、イドコロ全体で大事なことは、まずは人以外のものに注目し、二次的に他人との交流につなげることである。いきなり人間と人間がぶつかるのは負担が大きいと思う。ちなみに「アートコレクションを学ぶ会」は趣味の集まりだったが、副次的効果もあった。この会に通っていた若者が、気がついたら会のつながりで、現代アート関連の会社に転職していたのである。趣味が仕事場を生むパターンである。これは、江戸時代の俳句の集まりの句会が、実は仕事を融通し合う場でもあったことに通じるものがある。趣味のイドコロが思わぬところで、自然系イドコロの「仕事仲間」につながるという一つの実例である。

ここで大事なのは、「思わぬところで」というところだ。仕事をとるぞとるぞという気持ちで趣味のイドコロに乗り込んでいくのは効率も悪いし、趣味のイドコロの良さを破壊する。俳句を読みたくて集まっているのに、謎の商品の勧誘をしつこくされたら興醒めである。サークルとは、純粋に趣味を愛好する集まりである。

趣味のイドコロのコツは、何かしら協力できることが用意されているといい。例えば、書道教室などは練習は基本は一人でやるものなので、参加者同士が協力することは少なそうに見えるが、発表会などで協力できるポイントが用意されている。長く続いている趣味のイドコロは、個人の鍛錬と、協力する場がうまく用意されている。

ここで、趣味のイドコロをつくるための具体的なアクションを考えつく限り書き出してみよう。

- 近所の書道教室の門を叩く
- 興味のある技芸の教室を探す
- 大学生ならサークルのチラシを見て回る（もしくはWebで探す）
- 近所の公民館に行って、活動している団体の一覧を見る
- 消防団に入る

・辛いもの好きな友人を募って月一で辛いものを食べに行く
・手打ちうどんを打つ会を開く
・丸ごと食べる会と称して定期的にブリ1尾や、生ハム原木1本など、1人ではできないがやれるならやりたいことを実現する会を企画する
・気に入った教室がなければ密かに指導者レベルの技術を持つ友人を発掘し、習う会をつくる（子供の頃の習い事はあるなどれない）
・図書館や美術館などで興味のあるイベントを探す（ただし、興味を湧かせて参加すること）
・散歩の会、街歩きの会に参加する
・運動場や体育館を1日貸し切って遊ぶ会を開く
・ボランティア団体のボランティアに参加する（腰を低くして参加することが大事）
・ZINEをつくって頒布する
・年に1、2回とかで何かのテーマについて話す会合を3〜5人ぐらいで開く。
・映画を見る会を開く

・ネットラジオをやる

細かく書けば100個ぐらい書けそうな気もするが、このへんにしておきたい。たくさんあればいいというものではないが、特に技芸ものは早いうちにやっておくと隠居したときに有難い存在になると思う。趣味といえど、続けられる趣味をつくるのには時間がかかる。何が自分に合うかはやってみないと分からない。やってみても分からないかもしれないが。

「有志でつくるオープンな空間」は遍在する

お店でもなければレンタルスペースでもなく、誰でも入れる公共施設でもない。オープンではあるが出入りにはゆるやかな条件がある。こんな定義しにくい場所が世の中には確かにある。誰かのアトリエや家の一部をイベントスペースとして開放することや、マルシェや縁日として出現する。古い地域であれば、お堂や公民館、集会所も有志によるオープンな空間だ。特長は、目的があるようで機能特化した場所ではない。自由度が高く、たまり場的な要素もある。インドネシアでは東屋のような地域ごとの集会所があるらしく、見た目は屋根付き後方壁付きの大きいバス停みたいなものだ。当然ながら鍵もない。きっかけがあれば誰でも入れる。マルシェや縁日も入場資格があるわけではないが、開催日時を把握していないと入れない。この程度の障壁でも平和が保たれやすい。必要な人には見つけやすくもあり、必要じゃない人には見つからない。うまくない例として、情報が瞬時に見つけられるようになったために、それまで少人数しか来なかった観光客が増えてトラブルが発生するようになった奇祭もある（その祭では、場にいる人が無差別に泥を塗られるので、事情が分からない観光客が泥を塗られて怒ってしまった）。イドコロとして機能するようなオープンな空間を私的につくるには、情報を拡散しすぎないことも大事である。本来は愛好者しか来ないような商品のマルシェに、ただ転売目的の人が集うようになるとその場の空気感は壊されてしまうだろうし、いろいろな弊害が予想される。かといって入場制限をすると気軽に行けなくなる。

有志によるオープンな空間の威力は、運営者のペースで続けやすいことである。お店と思うと毎日開けたり経営的な課題が次々起きてくる。しばしばイドコロっぽい場所として取り上げられるカフェなどは、人口が少ないエリアでは経営が成立しにくい。居心地を良くしてお客さんの滞在時間が延びると経営を圧迫するという矛盾がある。しかし、有志による月1回程度の家での茶会であればそういう悩みは小さい。回転率を気にしなくていいので、毎月1回続けられる程度の会費を設定し、集まった人数で豊かな時間をつくっていけばいい。カフェという肩書きにとらわれると、店舗を構えないといけないし、定期的にお客さんを回転させなければいけない。もし、ある地域の人たちがやたら茶会を開く風習を持っていれば、お店などなくとも人が集って精神と気力を充実させるイドコロを出現させることができるだろう。

マルシェ、縁日についてもう少し考えると、私の地元では幼少期にそれまで栄えていた商店街が急速に衰退し、駅前のダイエーというスーパーも高校生の頃には撤退した。車社会の進展や大型店舗の進出によって同様に各地の商店街が衰退に苦しんでいて、復活の余地があるところもあれば、そもそも商店街という形式が合わない条件の土地もある。場所によっては固定の店舗よりもその都度立つような市が合っているかもしれない。実際にマルシェは増えてきていて、これは一つの「有志でつくるオープンな空間」と言えるし、元禄より続く高知市の日曜市などは今でも活気がある。マルシェは、品物をつくり手から直接購入できるし、ブラブラ歩ける空間なのでイドコロとして良い。出店者が元気なら購入者も元気が湧くし、購入した人の正の感情が出店者に伝われば、これまた出店者も次へのエネルギーが湧く。金銭のやり取りに正の感情の循環が生まれるのが経済としては理想である。お客さんと店主の関係で言えば、食べログなどのレビューは、地雷的な悪徳店舗の回避には役立ったが、ミスマッチのお客さんがその価値観で辛辣なレビューをつけると個人商店の気概をかなり破壊してしまう。これは負の感情の経済循環だ。私の知る範囲でも、口数が少ないもののおいしくリーズナブルなハンバーグ定食を提供している個人定食屋が、やはりグルメサイトのレビューで「サービスのレベルが低い、無口だ」と罵られて店主の心が折れそうになっていた。数百円の定食で高級店のようなサービスを求めるのは筋違いと思うのだが、言われたほうは大変辛い気持ちになる。そもそも、レビューシステムは大規模な集団の中で悪徳者を排除することは得意だが、多様な価値観を同時に共存して発展させるのは苦手だ。

「有志でつくるオープンな空間」は、個人と仲間でつくれるサイズのイドコロである。経験的な感覚だが、親しい友人と集まる茶会なら5人ぐらいだろうし、イベントなら20人程度、マルシェのようなものなら来場者は数十人から多くて1万人弱程度まで、出版物ならば数十部から多くて数万部以内ぐらいが適正サイズかと思う。これ以上増えると本来のイドコロとしての目的が達成しにくくなる。一定の商売でもあるマルシェで来場者が少なすぎるのは出店者が赤字になって問題だが、他のものはある程度までは少なくてもその分中身が濃くなるのでそれはそれでいい。茶会も一対一のほうが濃いものになるだろう。よく「イベントの集客」について気にする人がいるが、特に最初は参加者が少なくても微弱な広報の中で見つけてくる人はそれだけ稀有な面白い人が多いので、数を追わずに質を追うのがイドコロをつくるコツである。なにしろイドコロは精神を回復させる場所なのだ。人が多すぎて歩くのも大変な場所に行って気力が回復することはない。ついつい来場者を増やしたくなったら、通勤電車や交通渋滞にはまったときのことを思い出してほしい。

日常のイドコロは素早い

次に、「公共空間の気に入った場所」と「日頃通える小さいお店」「文明から離れて一人になれる空間」の3つをまとめて考えてみたい。これは、いわば日常のイドコロだ。主に日常に存在するものをイドコロとして利用させてもらう作戦だ。自分でつくるタイプのものとの違いは、自分が手入れしなくてもすぐに消えるものではないことだ。気に入った喫茶店や公園、はたまた森は趣味のサークルのようにすぐに自然消滅したりしない。公園や近所のお店のいいところは思い立ったら行けるところだ。日常というだけあって住んでいるところや、よく行く場所の近所にあることが条件である。具体的には、公園（緑道、河川敷沿いの道）、お店（個人のもの、チェーンのもの）、景色の良い場所、図書館、公民館、児童館などの公共施設だ。京都の銀閣寺近くにある「哲学の道」も有名な日常のイドコロと言える。なんせ、元は川沿いのただの道を哲学者西田幾多郎らが思索のために歩いたというだけで名前がついたのだ。日常のイドコロのつくり方は、既に存在するものを発見して使い方を編み出す、というアクションになる。そこでの他人との距離感は、よく行く銭湯でちょくちょく見かける人がいるなとか、毎回顔を見かける店主がいるな、ぐらいである。これまで見てきたようなイドコロよりは人との距離が遠い。それでも、人間が「いる」だけでも意義がある。例えば、銭湯の店番をしている人とは、一言二言交わすぐらいだが、それでも正気を保つにはバカにならないものがある。「あの番台のおばちゃん今日もニコニコしていたな」とか「今日はおじいちゃんが店番しているな」とか、そういうもので少しばかりの平和を感じることができる。これは無視できない力なのである。こういう日常のイドコロは、地域社会のつながりが強いところでも必要だ。地域のつながりが強いと気を使う場面も多く、気楽に過ごせるカラオケスナックが山奥でさえ生き残っていることは珍しくない。移住や新生活、退職などで友人や仕事仲間など自然系のイドコロが失われるときに、この日常のイドコロは、素早く立ち上げることができるという点で重宝する。具体的には、移住する前に移住先に1、2個でもイドコロになりそうなお店を見つけておけば、移住直後に役立つ。特に地方だと、毎朝モーニングを食べに通える純喫茶は多くの人にとってイドコロとして機能している。オシャレに言えばサードプレイスだが、ポイントは一応商売なので、代金を支払ってマナーよく過ごしている限りは誰でも受け入れてもらえて、チェーン店と違って店主の人格を有する場所であることだ。こういうところがイドコロとして機能する。システム化された店舗だと限界がある。店番している人の顔を覚えることができるかできないかが、イドコロになるかならないかの境目である。個人の裁量で運営されている店だと、マニュアル外の人格的なやり取りが起きやすい。過剰になれば鬱陶しいが、ほどほどの世間話なら精神の回復にはプラスになる。喫茶店は全国的にほどほどの距離感を取る文化があるように見受けられるので、新参者でも入りやすい。

ところで、解剖学者で昆虫研究者の養老孟司氏によるいじめに関する見立てで、人間関係が世界の中であまりに大きくなりすぎている、という指摘がある。曰く、普段から人間関係だけではない、虫や植物など人間界と離れた自然に目を向ければよい、という。これは、確かに納得するところがある。人間が精神的に追い詰められるのは認識している世界の全部がダメになったように感じるときだ。どうにもならない問題が起きやすい人間社会の存在感を小さくすることで、リスクを減らすという考え方である。日常のイドコロに虫はいるわけではないが、何かの媒介が存在し人間との距離が離れている分、リスクを回避しやすい。私が住んでいる地域では緑道や公園に住み着いている地域猫を地域の有志が行政と協力して交代で世話をしている。世話をする人たちには地域猫と猫がいる公園がイドコロになっているだろうし、世話をしないまでも猫を見ている幼児や中高生もいて、幾人かの人の心を和ませている。人間に直接向き合うのではなく猫を介して人が交流することがいい効果を生んでいるように思われる。

また、哲学者の鶴見俊輔氏が晩年、コンビニのような場所での店員とお客さんの軽い挨拶に社会が変わる可能性を感じると書いていた。私はこれを読んだときに最初は良く分からなかったが、この前コンビニに行ったときにごく短い会話をしている中高年の方を見かけ、確かに一つの公共性が生まれているのかもしれない、と感じた次第である。さらに聞いたところでは、高齢の方にはコンビニに定期的に通うことで、店員さんに覚えてもらって、万が一のときに異変に気づいてもらうことを期待している人もいるという。コンビニが都市のインフラになりつつあるのは確かだが、精神的な拠り所になっている場面も出てきている。チェーン店だからと言って馬鹿にしてはいけない。

これまた日常の中でイドコロを見つける方法をパッと思いつく限り箇条書きにしてみたい。

・近所を歩き回って、通いたくなる公園を見つける
・読書によいベンチを探す
・仕事ができるテーブルのある公園を探す
・銭湯を探索し、気に入ったところに通う
・お城、小山の頂上が近所にあるところに住む
・バーや寿司屋、居酒屋やカフェ、純喫茶などゆっくりできるお店を近所に探す

・地域猫の世話係になる
・気に入った散歩コースをつくる
・混んでいない屋上庭園を見つける
・昆虫採集スポットを見つける
・無名の絶景ポイントを探す
・公園将棋をする
・縁側をつくる
・庭が広ければ小屋を建てる

などである。お店以外のものは、基本無料である。是非とも皆さんもまずは日常の中にイドコロを見つけてほしい。時間が空くとついうっかりスマートフォンを見てしまう人も、日常系のイドコロをつくればよい形で減らせると思う。私は本書を執筆中に床張りの技を生かして家に縁側をつくった。せいぜい1畳程度のサイズだが朝日での日光浴や風呂上がりに涼んだりと、15分程度過ごす場所だが正気を保つのにとてもいい効果をもたらしている。

人間は正気を失うものであり、そこが可能性でもある。
だからこそ思考の免疫系を手入れしよう

本書では、ここまで正気を保つための環境を思考の免疫系と見立てて考えてきた。最後に正気を保つことについて改めて考えたいが、正気とは常識的な行動を踏襲することではない。人間のみならず動植物も含めた社会にとって無理のない判断ができ、他者との対話の可能性を維持できる状態だ。なんとなくの常識は当てにならない。ある時期の常識も後世から見れば正気を失った状態だったと評価できる事例はたくさんある。例えば、今では信じられないことだが１９８０年代のバブル期は財テクと称して老舗企業までもが、永遠に上昇するという錯覚のもとで不動産投資にのめり込み、個人でも内見せずにアパートを購入する人さえいた。当時はそれが異常だとは思われていなかった。魔女狩りや人種差別による迫害なども、一定の人々が正義だと信じて参加していたと思われる。このような異常な時代の妥当性のない常識に呑み込まれないことが正気を失わないことだ。

一方で、そもそも人間はそれぞれどこかに狂気を秘めてもいる。ある種の狂気が状況を変える革新を生み出す。長い目で物事を見る判断力と思考を放棄しない気長さを保ちながらも、各自の狂気を生かしていけるようにすることが人が社会で所を得ることであると思う。これは、人間の素晴らしき特性である。各自の違和感や狂気は、ある種のバグであるが、これによって少しずつ世の中が刷新され変わっていく。狂気や偏りは人間や社会にとって大事な要素でもある。ただ両極端の真ん中にいれば正解ということはない。同時に、人や社会が狂気性や偏りを制御しきれないと容易に正気を失い、普遍性のない異常行動に走ってしまう。正気を失うリスクを負っていることと、革新性は表裏一体である。バカと天才は紙一重とはいうが、これに近いことかもしれない。私の趣味は公園の針葉樹に向かってテッポウ稽古をすることだが、この趣味にかすかな狂気性を自覚している一方で、高価な器具を用いない鍛錬として筋が通っているることだとも思っている(よって他人に強要しないし、流行らせようとも思わない)。個々人の狂気性を各自が自分に生かしつつも、他者との対話を維持できる状態を両立させることが21世紀の民主的で公正な社会には欠かせないだろう。そのための前提条件の一つがイドコロ群の存在である。

体を動かして歩くためには立っているときのバランスを崩さないといけない。何か状況を動かすときは、バランスが崩れるときでもある。バランスが崩れつつも、致命的な転倒をしないのが歩くということだろう。誰でもやれていることだが、これは大変なことであり、0〜1歳児には難易度の高い技だが試行錯誤の末に体得していく。正気を保つことはこれと同じで、自分の考えを揺るがす雑多な外部に触れ、自分の思考を揺さぶりながらも、呑み込まれず変化し、凝り固まらないことである。この矛盾を伴う両立には各種のイドコロ群で思考の免疫系を働かせることが大事で、人間にはそれができる。情報が錯綜し、迷走しやすい乱世だからこそ、このことを自覚し手入れしていきたい。個人としても自分のイドコロの整備と手入れをすることはいいことだし、社会全体のことを考えても各所に多くの人の手の届くイドコロを散らばらせていこう。社会にイドコロが充実すれば、それは誰でも活用できる共有資源が増え、より丈夫な世の中になることだろうと思う。これは、個々人の活力の基盤になり、主義主張の異なる人同士が是々非々で協力して良い知恵を出し合うための土台になると私は信じている。手っ取り早く社会を変える方法を先進事例などの外部に探る前に、今は変えるための基盤を考える時期だと思う。

最後までお読みいただいた方には、ぜひ身の回りのイドコロ整備に取り組んでいただければ幸いである。これは共有の庭づくりのようなものだ。一緒に手入れしましょう。もしよければ！

あとがき

もしかして自分が狂ってきているかもしれないという危惧は正当なものである。その上で、そのつど我に返って思考の丈夫さを保つにはどうしたらいいか。これは私の長年の関心事であった。今は分断の時代という評価もある一方で、ある種の同調圧力も強いという不思議な状況である。だいぶ前からすでに乱世に突入しつつあったが、今後しばらくは正気を保つことがより大事な時期になると思う。混乱期には、どんな人でもパニックになったり偏りが振り切れたっきり戻らなくなる危険性がある。偏り自体はいいが、そこで凝り固まってしまうと現実の変化に対応できなくなるので困る。大荒れの中でも船を沈没させないために大事なことは、状況を観察し慌てず、その都度やるべきことをやり、辛抱するときは待って余計なことはせず、勇気を持って行動することである。

本書は、思考の免疫系という枠組みを設定し、正気を失わないための生活環境の手入れ方法を提案したものである。免疫系とは病原体に対抗する生体システムのことだが、それを思考に当てはめ、その構成要素をイドコロと命名した。居どころだ。「ところ」というのは面白い日本語で、所を得る、という表現がある。辞書的には、自分に適した境遇や場所につく、良い時節にあって、思いのままにふるまう、という意味である。個人的には居場所よりも居どころのほうがしっくりくる。居どころには、タイミングの要素もあり、永続の場所ではなく、いる人の調子がよくなるイメージで、その時々で変化する軽やかさも感じる。これは、私が大学時代に少しばかり勉強した生態学のニッチの考えにも似ている。自然界では「最強の生き物」がいるのではなく、それぞれが環境に適応して今がある。今の人間社会は、ありもしない最強の生き物を目指して頑張ってしまう傾向があるように思う。

申し上げたいことの一つは、絶対に折れない精神や、誰かが提示する未来の革命などという存在しないものに頼るのではなく、まずは身の回りの各種イドコロを手入れし、正気を失わせる社会的病原体に負けないようにしようということである。公園の使い方一つを考えるだけでも随分暮らしやすくなる。漫画とかにあるようなどんなに理想的な主人公の精神性でも、周辺環境に支えられている。仲間がいて、回復の拠点があり、屋根の上などで一人瞑想をする。

そもそも人類は、文化、思想、生活様式など、相当な変種を選択できる生き物である。変化の振れ幅が大きいことは生息域を広げる可能性が高く、そこが人類の特性でもある。大昔はその違いでしばしば戦争や差別を起こしていたが、幸い戦争や差別はダメだということになった。異なる行動や考え方をランダムに取れる人間が、お互い殴り合いをせずに全体としては協力できるようになったことは良い変化である。現実には、差別構造も残存しているし、理不尽なバッシングが起きてデマが拡散することも多々ある。意見が完全一致しない中でも、聞く耳を持てる状態を維持するにはどうしたらよいか。これも本書のテーマの一つだ。消耗するだけのバッシング合戦は減らしていくのが人類にとっても吉である。そのためには各自に精神的なゆとりと安心感が担保されないといけない。要するに、日々元気に楽しく過ごせる環境だ。経済的なセーフティネットは第一には行政機関の役割だが、精神的な安心感の大部分は日常の人々の動きでつくられる。安心感はあるときには水や空気のように思われるが、枯渇すると致命的なものだ。大なり小なり何かを変革していくには、まずは自身の精神的な安心感が基礎になる。これなくしては、社会運動も過激化の引力に引っ張られてしまうだろう。地道ながらジリジリと悪習を是正して新しいアイデアを着実に実現していくためにも、普段意識されないイドコロが力になる。昨今は、成功の秘訣など何かと攻撃の方法を述べる本が多いと感じるが、本書では防御についてのアイデアと考え方をまとめた次第である。粗い部分があるかもしれないが、大まかな方向性に賛同いただける方はぜひ身の回りにイドコロを見つけて手入れしてみてほしい。よかったら感想を共有しましょう。

今も変わらず、正気を保てるだけでも敢闘賞！　それでは、今後ともどうぞよろしくお願いします。

伊藤洋志

伊藤洋志（いとう・ひろし）

１９７９年生まれ。香川県丸亀市出身。京都大学にて農学・森林科学を専攻し修士号（農学）取得後、零細企業の創業に従事し肌荒れで退職。以後、養生期間を経て自営業。頭と体が丈夫になってついでに公正な社会環境づくりにつながる、大資本を必要としない仕事と活動をナリワイ（生業）と定義し研究と実践に取り組む。実践したナリワイは衣食住・教育・娯楽と分野を超えて10個超。半農家を増やす「遊撃農家」、床を通じて住の自給力を高める「全国床張り協会」、エネルギー自給が基本の環境調和生活を遊牧民に見習う「モンゴル武者修行」、ユーザーとつくる野良着メーカー「ＳＡＧＹＯ」などが代表的なナリワイ。本書は、活動の土台となる思考の健康さを保つ様々な場とその働きを「思考の免疫系」として構想したものである。

教育活動として静岡県立大学「キャリア形成概論」講師、丸亀市リノベーションまちづくり構想検討会議副委員長など大学のキャリア教育や各地の起業プログラム講師を務める。著書に『ナリワイをつくる』、共著に『フルサトをつくる』（ともに東京書籍、後にちくま文庫）がある。

仕事づくりレーベル「ナリワイ」：https://nariwaibook.tumblr.com/

口絵写真　富川岳（全国床張り協会左・右下）
上垣喜寛（同右上）
小関直（竹で家を作る会（仮）下）
片岡杏子（給湯流）
谷田半休（論T）
中島有理（モンゴル）
著者（その他）

編集　山本浩史（東京書籍）

ブックデザイン　山田和寛（nipponia）

イドコロをつくる

乱世で正気を失わないための暮らし方

二〇二一年三月一八日　第一刷発行

著者　伊藤洋志
発行者　千石雅仁
発行所　東京書籍株式会社
〒一一四-八五二四　東京都北区堀船二-一七-一
電話　〇三-五三九〇-七五三一（営業）
〇三-五三九〇-七五〇八（編集）

印刷・製本　図書印刷株式会社

ISBN978-4-487-81115-1 C0095